Der Hacker

Christian Zimmermann

Ein Insider packt aus: „Keiner ist mehr sicher!"

mvg

Die Deutsche Bibliothek - CIP-Einheitsaufnahme

Zimmermann, Christian:
Der Hacker : ein Insider packt aus: „keiner ist mehr sicher!" ;
Computerkriminalität - die neue Dimension des Verbrechens /
Christian Zimmermann. - 2.Aufl. -
Landsberg a.L. : mvg-verl., 1996
   ISBN 3-478-71700-0

Für meine Frau Gudrun und meine Töchter

Jennifer, Sandra und Desirée

1. Auflage: August 1996
2. Auflage: September 1996

Umschlaggestaltung: Daniela Lang, Stoffen
Satz: Wolfgang Appun, München
Druck- und Bindearbeiten: Druckerei Himmer GmbH, Augsburg
Printed in Germany 071 700/9962502
ISBN 3-478-71700-0

Inhalt

5

Vorwort

Mit dem Einzug der Microcomputer in das Privatleben entwickelte sich eine Subkultur von Computerspezialisten. Kaum eine Gruppe ist der Öffentlichkeit derart suspekt wie die der Computerhacker. Angst, aber auch Bewunderung beherrschen die öffentliche Meinung. Was sind das für Menschen, die Nacht für Nacht an ihren Computern sitzen? Mit welchen Tricks arbeiten sie? Welche kriminelle Energie geht von ihnen aus? Was für Schaden entsteht Privatleuten wie auch Firmen? Wie kann man sich vor Telefonpiraten und Hackern schützen? Durch meine langjährigen Aktivitäten in der internationalen Hackerszene bin ich in der Lage, über diese Menschen und über ihre Tricks zu berichten.

Übrigens: Auch offizielle Stellen betätigen sich fernab der Gesetzgebung gerne einmal als Hacker. Der geschichtliche Hintergrund und die aktuellen Aktivitäten der Nachrichtendienste gehören ebenso zum Themenbereich dieses Buches wie der neuste Trend der Daten-Yuppies: Das Manipulieren von Genen mittels einfachster Techniken.

Dieses Buch versteht sich nicht als Anleitung zu kriminellen Handlungen! Aus diesem Grund habe ich bei der Beschreibung der diversen Betrugsvarianten jeweils einen kleinen Teil der Abläufe nicht dargestellt. Ich hoffe, auf diese Weise einer mißbräuchlichen Benutzung der Informationen vorbeugen zu können.

Es geht mir vielmehr darum, die aktuellen Aktivitäten der Szene in bisher nicht dagewesener Form zu beleuchten und so eine Basis für einen wirksamen Schutz von persönlichen Daten und Vermögenswerten zu schaffen.

Außerdem vollziehe ich mit der weitgehenden Offenlegung meines Wissens den unumkehrbaren Ausstieg aus der Computerszene, da ich fortan in Hackerkreisen als Persona non grata, also als unerwünschte Person gelten werde.

Wie aktuell die in diesem Buch enthaltenen Informationen sind, zeigte sich mir nicht zuletzt dadurch, daß einige Wochen, nachdem ich das Kapitel über den Mißbrauch von Chipkarten- und Funktelefonen fertiggestellt habe, diese Varianten in den Medien aufgetaucht sind.

Viele der in diesem Buch behandelten Betrugsvarianten sind der Öffentlichkeit und teilweise auch den Ermittlungsbehörden allerdings noch nicht bekannt.

Leverkusen, Juni 1996
Christian Zimmermann

1.

Wie wird man zum Hacker?

Oftmals sind es Defizite in der geistigen oder körperlichen Entwicklung, die einen Menschen dazu treiben, die Realität gegen eine Scheinwelt einzutauschen. Besonders ein zu früher Kontakt mit Computern führt zu Defiziten in der Konfliktfähigkeit wie auch zur weitgehenden Unfähigkeit zum Leben in einer sozialen Struktur. Es sind gerade die kleinen und großen Rückschläge des Lebens, die zu einer Flucht in eine virtuelle Welt verleiten. Dieses Verhalten läßt sich durchaus mit dem eines Alkoholkranken vergleichen, der zur Flasche greift, um seine Probleme zu vergessen. Manchmal sind es aber auch ein übersteigerter Drang nach Selbstdarstellung, fehlendes Selbstwertgefühl, Spieltrieb oder einfach nur Langeweile, die aus einem Technikinteressierten einen Hacker werden lassen.

Im Gegensatz dazu ist kriminelles Gewinnstreben nur selten der Auslöser von Computerstraftaten. Denkt man an diese Mischung aus Spieltrieb und Neugierde einerseits und dem Wunsch nach Selbstdarstellung und dem Reiz des Verbotenen andererseits, so ist es nicht verwunderlich, daß den meist noch sehr jungen Tätern der Unrechtsgehalt ihres Handelns nicht - oder nur in sehr eingeschränktem Maße bewußt ist. Dennoch verursachen Hacker jährlich Schäden in Millionenhöhe. Nicht nur spionieren sie Daten aus und werden damit zu wandelnden Zeitbomben, was den Datenschutz angeht. Viel schlimmer noch sind das „Kavaliersdelikt" Softwareklau oder die oftmals gezielte

Schädigung von Privatpersonen, Firmen, Institutionen oder Telefongesellschaften. Zu den Methoden, mit denen die Hacker dabei vorgehen, später mehr. Doch zunächst einmal stellt sich die Frage, wie jemand zum Hacker wird. Symptomatisch hierfür ist ein Hacker aus Wuppertal, der über seinen Werdegang erzählt:

„Angefangen hat alles im Alter von neun Jahren mit dem guten alten Sinclair ZX-81 von meinem Vater. Ich fing damit an, aus Computerzeitschriften Programme abzutippen und brachte mir auf diese Weise autodidaktisch das Programmieren bei. Nach und nach habe ich dann damit begonnen, die in den Programmiersprachen Assembler und Pascal verfaßten Abdrucke in die Programmiersprache Basic umzusetzen. Oftmals hatte ich damit Erfolg, und mit jeder Programmumsetzung erweiterten sich meine Fähigkeiten. Ich bemerkte hierdurch, daß ich Talent habe.

Diese Fähigkeiten blieben auch meinen Eltern nicht verborgen, und eines Tages bekam ich zu Weihnachten meinen ersten Sinclair-Spectrum-Computer. Lediglich meine Mutter war etwas skeptisch, da ich schon zu dieser Zeit so manche Nacht vor dem Rechner verbrachte. Nachdem ich die technischen Möglichkeiten des Sinclair-Spectrum ausgeschöpft hatte, suchte ich nach neuen Herausforderungen. Wieder waren meine Eltern als Geldgeber gefragt. Diesmal war der Investitionskampf, den ich austragen mußte, ungleich härter, denn ich versuchte, meiner elterlichen Geldbörse einen orginalen IBM-XT286 Computer zu entlocken. Ganze drei Monate des Bettelns, Autowaschens und diverser niederer Tätigkeiten im Haushalt kochten meine Eltern schließlich weich.

Endlich hatte ich es mit einem Rechner zu tun, der über ein richtiges Betriebssystem verfügte und mit dem man richtig professionell programmieren konnte. Meine Fähigkeiten erweiterten sich in den nächsten Monaten schlagartig. Gelegentlich wurde ich von meiner stets fürsorglichen Mutter gebremst, die vehement auf die zu absolvierende Schlafration drängte.

Fachlich entdeckte ich zu dieser Zeit die Programmierung von Graphikprogrammen und die Berechnung von komplexen Körpern. Dies hatte natürlich insbesondere auf meine schulischen Leistungen sehr positive Auswirkungen. Die Noten für Mathematik und Physik verbesserten sich bis zum optimalen Stand.

Praktischerweise bot meine Schule einen Computerkurs an. Innerhalb von einem Jahr erreichte ich nicht nur das Lernziel des ersten Computerkurses, sondern absolvierte den Stoff der folgenden Kurse gleich mit. Nach dem ersten Jahr erklärte mir dann der Lehrer, daß er mich nicht mehr in den Folgekursen haben wolle, da ich die entsprechenden Kenntnisse schon hätte. Der Auslöser dafür war wohl, daß ich eine komplette Tabellenkalkulation programmiert hatte, während meine Mitschüler noch an ihren Endlosschleifen strickten. Als ich dieses Werk meinem Lehrer vorlegte, war er nicht nur verblüfft, sondern mußte sich sogar eingestehen, daß er meinen Programmcode nicht verstand - er war ihm schlichtweg zu kompliziert. Innerhalb von zwei Wochen konnte ich ihm jedoch quasi häppchenweise erklären, wie man so etwas programmiert. Ich muß sagen, mein Lehrer erwies sich als wirklich gelehriger Schüler...

Mittlerweile war ich 16 Jahre alt und erlebte in Sachen Computer eine kleine Formkrise. Meine Bestrebungen nach dem Erkunden des weiblichen Geschlechtes forderten meine ganze Kreativität und Phantasie. Außerdem fühlte ich mich in der Umgebung meiner Clique ausgesprochen wohl.

Der Hang zum logischen Denken setzte erst wieder mit dem Beginn meiner Ausbildung zum Werkzeugmacher ein. Für diesen Beruf hatte ich mich entschieden, da ich damals einfach nicht geglaubt habe, daß sich die Computertechnik derartig schnell fortentwickeln würde und meine Eltern darauf drängten, daß ich einen anständigen Beruf erlernen solle. Während meiner Ausbildung wurde ich mit der computergestützten Metallverarbeitung (CNC) konfrontiert und erstellte hierfür Programme. So erwachte die schon verloren geglaubte Leidenschaft für Computer erneut.

Nachdem ich meine Lehre beendet hatte, erlag ich dem Lockruf des großen Geldes und wurde Börsenmakler. Das hört sich vielleicht unglaubwürdig an, jedoch sind häufig den entsprechenden Warentermin-Verkaufsfirmen Mitarbeiter besonders willkommen, die über keinerlei Kenntnisse der Zusammenhänge an der Börse verfügen. Ich entdeckte in dieser Zeit meine Begabung als Verkäufer. Meine Verkaufsprovisionen entwickelten sich ausgesprochen positiv, und so konnte ich mir meinen ersten PC-AT386 leisten.

Da ich zu dieser Zeit schon länger über einen fest in mein Leben integrierten Bestand an Weiblichkeit verfügte, der langsam wieder langweilig wurde, konzentrierte ich mich erneut auf meine nächtelangen Aktivitäten vor dem Computer.

Ich stellte fest, daß ein Computer - ähnlich wie ein biologisches Haustier - gefüttert werden will. Ständig verlangten mein Computer und ich nach neuen Programmen. Diese bekam ich im Tausch mit gleichgesinnten Freunden. Mein Diskettenbestand wuchs fast täglich und erreichte schließlich den enormen Bestand von etwa 400 Programmen, verteilt auf fast 1000 Disketten. Meine Festplatte (mit damals enormen 40MB) quoll fast über, und der Hunger meines elektronischen Freundes zeigte sich immer noch nicht gestillt. In dieser Zeit lernte ich einen Freund kennen (einen Studenten der Theologie), der eine Mailbox besaß. Diese Mailbox war randvoll mit raubkopierter

Software und konnte über ein Modem erreicht werden. Ich legte mir daher sofort ein Modem zu und betrat sodann das Feld der elektronischen Kommunikation.

Leider mußte ich feststellen, daß die ausgedehnten Spaziergänge im Datennetz nicht ohne ausgesprochen negative Auswirkungen auf meine Telefonrechnung blieben. Auch hier wußte mein Freund Rat. Er führte mich in die hohe Kunst des kostenfreien Telefonierens ein. Fortan bewegte ich mich in der internationalen Szene der Raubkopierer und fand Kontakt zu den ersten wirklichen Hackern. Ich lernte fleißig von ihnen und wurde schon bald als gleichwertiges Mitglied der Hackerszene (Elite-Member) anerkannt. Ich eröffnete in dieser Zeit meine eigene Mailbox, die sich schon in kurzer Zeit zu einer der führenden Bezugsqellen für raubkopierte Software in Wuppertal entwickelte.

Auf einem Hackertreffen in Wuppertal lernte ich dann einen versierten Hacker kennen, der mich in die Welt der Unix-Computer einführte und mir zeigte, was man alles im Internet anstellen kann. Ich lernte von ihm, wie man sich kostenfrei im Internet bewegt. In dieser Zeit gelangen mir auch die ersten elektronischen Einbrüche in UNIX-Rechner, wobei mich besonders die Datenbanken von American Express und Visa interessierten. Die Daten der auf diesem Weg ausgespähten Kreditkarten benötigte ich vorwiegend zum Einrichten neuer Internet-Zugänge.

Eines Tages, ich richtete mit den erbeuteten Kartendaten gerade einige Zugänge fürs Internet ein, hatte ich auf einmal einen Operator in der Leitung, der via Bildschirm nachfragte, wieso ich denn mit falschen Kreditkartendaten Zugänge einrichten würde. Ich antwortete in nicht ganz sauberem Englisch, daß ich dies machen würde, weil ich sie brauche und daß er mich doch bitte nicht weiter stören solle. Daraufhin wurde er etwas ärgerlich und drohte damit, den gesamten Zugang via Kreditkarten zu sperren. Ich bedankte mich höflichst und richtete ganz schnell mit meinen Daten einige hundert falsche Zugänge ein. In der Tat wurden einige Zeit später die Zugangsberechtigungen via Kreditkarte abgeschaltet, und die ganze Hackerszene profitierte mit mir von meinem vorsorglich eingerichteten Vorrat.

Diese Dreistigkeit machte in der Hackerszene die Runde, und fortan bewegte ich mich in den Kreisen der internationalen Hacker und wurde sogar in eine international tätige Hackergruppe mit dem Namen „Shining Aid" aufgenommen. Ich entwickelte mich zu einem professionellen Raubkopierer und perfektionierte meine Kenntnisse in Sachen Rechnereinbruch und kostenfreiem Telefonieren. Mein beliebtestes Opfer war hierbei die Telefongesellschaft MCI. Später, als es dem Sicherheitschef von MCI zu bunt wurde und er allmählich Gegenmaßnahmen einleitete, konzentrierte ich mich auf AT&T. Diese Telefongesellschaft bietet allein schon wegen ihrer Größe viel mehr Ansatzpunkte für einen Hacker.

In dieser Zeit lernte ich, welch phantastischen Unsinn man doch mit Telefonleitungen treiben kann. Beispielsweise hatten wir jede Menge Spaß in einer Partyline mit dem Namen „Rapline" in New York. Dort trafen sich die wirklich guten Hacker und tauschten Informationen aus. Lästigerweise war der jeweilige Zugriff auf nur 20 Minuten pro Anruf limitiert. Nachdem wir etwas an dem Rechner herumgespielt hatten, war diese Grenze plötzlich verschwunden.

Wenn sich während meiner Anwesenheit in dieser Partyline irgend jemand in die Leitung traute, den ich dort nicht haben wollte, flog er kurzerhand wieder raus, da ich alle notwendigen Steuertöne kannte und so den gesamten Rechner unter meiner Kontrolle hatte. Nicht einmal der Operator des Besitzers dieser Partyline konnte mich dabei aufhalten, denn der war immer der erste, der rausflog.

Schließlich kapitulierten die Besitzer und ließen uns einfach in Ruhe.

Nach und nach perfektionierte ich meine Fähigkeiten im Umgang mit den amerikanischen Telefoncomputern soweit, daß ich sogar Satellitenleitungen und auch deren Steuerleitungen kontrollieren konnte. Auf diese Weise schaffte ich es sogar, meiner Freundin einen außergewöhnlichen Geburtstagsgruß zukommen zu lassen. Ich brachte einfach einen AT&T-Satelliten dazu, in 32 Kilometern Höhe mit den Solarklappen zu winken. Der zuständige Sicherheitschef in der amerikanischen Steuerzentrale fand dies allerdings weitaus weniger komisch als ich, denn er erlitt noch am Arbeitsplatz einen Herzinfarkt - halt kein Job für Leute mit schwachen Nerven.

Auch die deutsche Telekom war nicht sicher vor mir. Das erste Mal habe ich im Alter von 14 Jahren umsonst telefoniert. Ich habe mir im Baumarkt für 99,- DM ein einfaches Funktelefon besorgt und bin mit dem Gerät solange auf dem Fahrrad um unseren Block gefahren, bis ich ein Freizeichen hatte. Das war meine Version der heute so verbreiteten Handys.

Nach meinem Einstieg in die Hackerszene griff ich dann zu etwas gemeineren Tricks. So spielte ich beispielsweise auf Kosten der Telekom ein wenig mit den innerdeutschen Telefonkonferenzen herum. Zu diesem Zweck suchte ich mir eine Telefonzelle mit der Möglichkeit des Rückrufes aus und rief von dort aus das Fernamt an. Der dortige Operator merkte aufgrund des Signaltones natürlich sofort, daß es sich um eine Telefonzelle handelte, daher konnte ich ihn die Gesprächskosten nicht auf die Nummer der Telefonzelle buchen lassen. Um trotzdem nicht zahlen zu müssen, machte ich mir vorher die Mühe, einen Anrufbeantworter zu hacken. Auf diesen sprach ich dann eine Nachricht auf. Wichtig war nur, daß der Operator meine Stimme erkannte. Ich nannte dem Operator dann die Nummer des Anrufbeantworters und bat ihn, die Kosten auf diese Nummer zu buchen. Der Operator rief die Nummer an, erkannte meine Stimme und hielt mich für den Eigentümer der Rufnummer des Anrufbeantworters. Das Gespräch wurde dann auch wirklich dem gehackten Anschluß berechnet. Dieser Trick funktioniert übrigens auch heute noch.

Auch die Kreditkartentelefone sind ganz lustig. Mit nachgemachten Kreditkarten telefonierte ich gerne, da dies ausgesprochen unkompliziert ist, den guten Namen eines anderen belastet und pro Kreditkarte ungefähr einen Monat lang funktioniert. Während eines ausgiebigen Telefonats lag einmal die Kreditkarte neben dem Telefon, und nach dem Ende des Gespräches fragte mich der erste Mann in der mittlerweile hinter mir entstandenen Schlange nach der Kreditkarte. Diese war in keiner Weise bedruckt und daher auffällig. Ich antwortete ihm, es handele sich um eine sogenannte White-Card, einer Steigerung der Platin-Card, die erst ab einem Kontostand von einer Millionen ausgegeben werde. Der Mann glaubte dies tatsächlich und war befriedigt. Über diesen Spruch lachte die ganze Hackerszene gut eine Woche lang.

In dieser Zeit hatte ich sehr viel Spaß, den meine Freundin allerdings nicht mit mir teilen mochte. Das Verhältnis zu ihr wurde immer angespannter. Sie hielt mir vor, ich bräuchte sie nur deshalb noch, weil man mit einem Computer keinen Sexualverkehr haben könne. Als Antwort zeigte ich ihr grinsend ein paar Pornobildchen, die ich auf dem Rechner gespeichert hatte. Das fand sie dann überhaupt nicht mehr komisch, und ich mußte einen kleinen Urlaub einschieben, um sie wieder etwas zu beruhigen.

Während des Urlaubes in Las Vegas suchte ich mangels Computer nach einer Ersatzbefriedigung. Meine Freundin stellte sich, dankbar ob der ungewohnten Aufmerksamkeit, zur Verfügung, und ich wurde Vater. Dies komplizierte mein Verhältnis zum Rechner dann doch sehr, denn diese Situation war ausgesprochen ungewohnt für mich. Meine Freundin zeigte sich fordernd und verlangte von mir die Orientierung an dem klassischen Bild des Familienlebens - ohne Computer. Vor die Wahl gestellt, entschied ich mich konsequent für den Computer und wies meiner Freundin die Tür. Eine Entscheidung, die ich bis heute nicht bereue, denn meine Katze ist genauso anschmiegsam und viel pflegeleichter (bügelt dafür aber nicht so gut).

Seit dieser Zeit sind mein Computer, meine Katze und ich wieder alleine, und ich kann mich ungestört meinen Rechnern widmen. Mein Geld verdiene ich heute mit dem Programmieren von Anwendungen für kleine und mittelständische Betriebe. Der Job läuft zwar ganz gut, jedoch habe ich derzeit ein wenig Ärger mit dem Finanzamt, das unbedingt an meinem hart verdienten Geld teilhaben will. Dummerweise weiß ich bis heute nicht, wie man mit einer Steuererklärung umgeht. Es bleibt am Monatsende eigentlich sowieso nichts vom verdienten Geld übrig, da ich alles wieder in meine Rechner investiere. Ich weiß also gar nicht, was die eigentlich von mir wollen. Doch das ist ein anderes Thema."

2.

Die Modem-Szene

Mit der Markteinführung der Mikrocomputer entstand auch die Notwendigkeit einer schnellen Datenkommunikation. Zu diesem Zweck wurde ein Gerät entwickelt, das die digitalen Informationen des Computers in Töne übersetzt. Die Töne können problemlos über eine herkömmliche Telefonleitung übertragen werden. Die genaue Gerätebezeichnung lautet Modulator/Demodulator, in Kurzform Modem. Die erste Gerätegeneration konnte Daten mit einer Geschwindigkeit von 150 Bit pro Sekunde übertragen. Die Übermittlung eines DIN-A4-Briefes dauerte bis zu zwei Minuten. Stetig wachsende Datenmengen stellen immer höher Anforderungen an die Modemtechnik. Ein Gerät neuester Bauart überträgt Daten mit einer Geschwindigkeit von bis zu 28.800 Bit pro Sekunde. Eine DIN-A4-Seite wird in 0,7 Sekunden übertragen. Ein solches Hochleistungsmodem kostet im Fachhandel weniger als 500,- DM.

Mailboxen

Mit der Weiterentwicklung der Modemtechnik entstanden vollkommen neue Kommunikationswege. Dies war die Geburtstunde des Information-Highways, der Datenautobahn. Der Vorläufer der globalen Datennetze ist die Mailbox, ein elektronischer Briefkasten. Eine Mailbox besteht aus einem Personalcomputer, einer kleinen Festplatte, einem Modem und der Mailboxsoftware.

Wenn ein Teilnehmer das erste Mal Kontakt zu einem elektronischen Briefkasten aufnimmt, durchläuft er zunächst eine Identifikationsprozedur. Er muß seine Identität dem Betreiber der Mailbox, dem System-Operator (Sysop), mitteilen und darf sich dann einen Phantasienamen sowie ein Zugangspasswort frei wählen. Nach dem Überprüfen der persönlichen Daten ordnet der Sysop dem Benutzer einen Benutzerlevel zu. Dieser funktioniert wie ein Schlüssel zu einer zentralen Schließanlage. Ein Benutzerschlüssel der Stufe 1 (Level 1) öffnet lediglich den Hauptraum der Mailbox. Der Hauptraum der Mailbox enthält verschiedene Karteikästen. Jeder Kasten ist mit einem anderen Themenbereich beschriftet. Öffnet der Teilnehmer einen dieser Karteikästen, so kann er alle Nachrichten lesen, die zu diesem Themenbereich verfaßt wurden. Alle abgelegten Nachrichten werden automatisch mit dem Pseudonym des jeweiligen Verfassers unterzeichnet. Der Teilnehmer kann nun eigene Nachrichten in den Karteikasten legen oder bestehende Mitteilungen beantworten. Beantwortet er eine bestehende Mitteilung, so kann er wählen, ob seine Antwort von jedem gelesen werden darf oder ob sie nur für einen einzelnen Teilnehmer bestimmt ist. Persönliche Nachrichten werden dem jeweiligen Teilnehmer automatisch bei dessen nächsten Besuch im System zugestellt. Der Reiz dieses Systems liegt in der Anonymität, denn alle Teilnehmer werden durch ihr Pseudonym geschützt. Dadurch entsteht eine offene Diskussionsplattform, die sich über viele Themenbereiche erstreckt.

In den Karteikästen der Mailbox (Foren) findet der Benutzer Informationen über Computertechnik aber auch Diskussionsbeiträge zu aktuellen tagespolitischen Themen. Einige Foren sind für Benutzer mit einem Schlüssel der Stufe 1 unsichtbar. In vielen Mailboxen befinden sich solche elektronischen Separées, die meist mit dem Begriff „HPA-Conference" überschrieben sind. Diese Abkürzung steht für „Hacker-Phreaker-ASCII-Conference", zu deutsch: Diskussionsplattform für Computer-Hacker sowie Telefon- und Softwarepiraten. Die für diesen Bereich zugelassenen Benutzer (User) mit höherem Berechtigungsschlüssel bezeichnen sich selbst als „Elite-Member", also als elitäre Mitglieder.

Eine einzelne Mailbox mit wenigen Hackern ist sicherlich keine besondere Gefahr für die Öffentlichkeit, da der Informationsfluß auf wenige Hacker begrenzt wird. Jeder Betreiber einer Mailbox kann sich jedoch als Netzwerkknoten einem größeren Netzwerk zur Verfügung stellen. Bei diesem Verfahren, das als „Polling" bezeichnet wird, ruft der Mailboxbetreiber zu einem fest definierten Zeitpunkt zwei weitere Mailboxrechner an und überspielt ihnen seine Daten. Die Partnerrechner versenden ihre Informationen jeweils an zwei weitere Mailboxen. Auf diese Weise verbreitet sich eine Information im Schneeballsystem innerhalb weniger Stunden in ganz Deutschland. Einige Stunden nach Absenden der Daten wird die Mailbox von den Partnerrechnern wieder zurückgerufen und erhält die in ganz Deutschland eingesammelten Informationen. Durch das Daten-Polling profitiert ein in einer Mailbox organisierter Hacker vom kollektiven Wissen der gesamten Szene. Die in HPA-Konferenzen vertretenen Hacker sind im normalen Leben nicht nur Computerspezialisten, sondern auch Studenten, Bankangestellte oder Beamte. Das Ansehen eines einzelnen Users steigt mit der Anzahl seiner Veröffentlichungen. Oftmals erfolgt die Profilierung auch über die Weitergabe sicherheitsrelevanter Informationen aus dem eigenen beruflichen Umfeld. Der aus dem schnellen Erfahrungsaustausch entstehende Synergieeffekt erschwert es den Datenschützern zunehmend, mit den Computerhackern Schritt zu halten.

Bulletin Boards

Ein technisches Manko der Mailboxen besteht darin, daß sie zwar Daten in Schriftform jedoch keine Daten in Binärform, also Programme, speichern können. Aus diesem Grund wurde die Mailbox zum Bulletin-Board-System (BBS) weiterentwickelt.

Der Betrieb einer BBS stellt an den Sysop wesentlich höhere technische Anforderungen als das Betreiben einer Mailbox. Die optimale Konfiguration eines Bulletin-Boards besteht aus einem Hauptrechner (Server), der netzwerkfähig sein muß und über eine Festplattenkapazität von augenblicklich mindestens zwei Gigabyte verfügen sollte. Für jedes angeschlossene Modem muß ein eigener Personalcomputer einfacher Bauart bereitgestellt werden.

Der Hauptrechner und alle Modem-Rechner werden zu einem Netzwerk verbunden. Auf diese Weise ist ein gleichzeitiger Betrieb von bis zu 25 Modems (nodes) problemlos möglich. Das Investitionsvolumen für ein BBS in optimaler Ausbaustufe liegt derzeit bei bis zu 50.000,- DM.

Das hauptsächliche Einsatzgebiet für ein illegal betriebenes BBS ist das Einsammeln und Weiterverbreiten von raubkopierter Software. Ein solches System ist besonders abgesichert, und nur ausgewählte User erhalten Zugriff. Die Telefonnummern von illegal betriebenen Bulletin-Boards werden über die HPA-Konferenzen von Mailboxen weitergegeben. Nur Mailbox-User, die das besondere Vertrauen des Sysops genießen, erhalten diese Telefonnummern und das erste Zugangspaßwort.

Wenn ein User das erste Mal Kontakt zu einem Bulletin-Board aufnimmt, wird er zunächst vom System darauf hingewiesen, daß es sich um ein privates System handelt und um Eingabe des ersten Zugangspaßwortes gebeten. Der einfache Besitz der Telefonnummer eines BBS reicht also für den Zugriff nicht aus. Bevor ein neuer User im System akzeptiert wird, muß er einer strengen Überprüfung durch den Sysop standhalten. Zu diesem Zweck durchläuft er eine automatisierte Identifikationsprozedur. Er wird zunächst nach seinem Namen, seiner Adresse und seiner Telefonnummer gefragt. Danach muß er denjenigen nennen, von dem er die Telefonnummer und das erste Zugangspaßwort erhalten hat. Außerdem muß er drei Referenznamen aus der Hackerszene nennen. Zuletzt muß er einige Begriffe aus der Hackerszene erklären. Nachdem der Sysop die Referenzen des neuen Users überprüft hat, gewährt er diesem den Zugang zum System.

Ähnlich der Mailbox ist auch das Bulletin-Board in verschiedene Foren unterteilt. Im Unterschied zur Mailbox können in den Foren eines BBS nicht nur Texte, sondern auch Programmdaten abgelegt werden. Das Einstellen von Programmen (Software) nennt man Upload, das Herausnehmen wird Download genannt. Die Foren eines illegalen Bulletin-Boards sind meist in die Bereiche Amiga-Software, Personal-Computer-Software und HPA-Konferenz unterteilt. Einem neuen User teilt der Sysop zunächst einen Zeitrahmen zu, innerhalb dessen er sich frei im System bewegen kann. In der Regel handelt es sich dabei um eine Stunde pro Tag. Außerdem erhält er einen Kreditrahmen von meist fünf Megabyte, die er ohne Gegenleistung dem System entnehmen darf. Das Recht auf den weiteren Download von Software muß sich der neue User erst verdienen. Für jedes Megabyte eingestellter Software erhält er eine Gutschrift von drei Megabyte auf seinem Download-Kreditkonto (Credits). An jedes Upload werden strenge Anforderungen gestellt. Zunächst überprüft der Rechner die neu eingestellte Software auf Virenbefall. Danach wird die Aktualität der überspielten Programme vom Betreiber des Bulletin-Boards oder seinem Assistenten, dem Co-Sysop, manuell überprüft. In der Regel wird vom Sysop eines BBS nur der Upload von sogenannter „Zero-Day-Software" akzeptiert. Hierbei handelt es sich um Programme, die auf dem freien Markt noch nicht erhältlich sind.

Raubkopierte Software

Normalerweise sucht ein User den Kontakt zu mehreren Bulletin-Boards, um die jeweils aktuellste Software zwischen diesen Systemen auszutauschen. Auf diese Weise schafft er sich in mehreren Boards genügend Download-Freiraum, um seine eigenen Programmwünsche befriedigen zu können. Diese Form, Download-Credits zu schaffen, wird in der Szene als Traden (Handeln) bezeichnet. Die Anzahl der Uploads wird vom System statistisch aufbereitet und in eine Hitliste eingetragen. Mit der Position eines Traders auf dieser Liste steigt oder fällt dessen Ansehen innerhalb der Szene. Auf diese Weise wird der Trader zusätzlich motiviert, seiner illegalen Tätigkeit, dem Verbreiten von Raubkopien, nachzugehen.

Es gibt User, die nicht bereit sind, zu traden und lieber für ihre Credits bezahlen. Ein Sysop verkauft daher tägliche Online-Zeit für 300,- bis 500,- DM pro Monat. Für diesen Betrag bekommt der User einen Monat lang einen täglichen Download-Freiraum von einer Stunde. An besonders faule Kunde, die nur ungern ihr Modem benutzen, verkauft der Sysop sogenannte „Abos". Dabei handelt es sich um Kopien der gesamten Software, die ihm während eines Monats überspielt wurde. Dabei können bis zu 600 Megabyte raubkopierter Programme anfallen. Diese Kopien werden entweder als Magnetbänder oder als CD's verschickt und kosten ebenfalls zwischen 100,- und 400,- DM pro Stück.

Der 21jährige Betreiber eines Bulletin-Boards in Nürnberg erwirtschaftet auf diese Weise einen monatlichen steuerneutralen Gewinn von über 80.000,- DM, genug für die laufenden Kosten der Rechner und ein luxuriöses Leben. Die Klientel der Abo-Kunden ist vielschichtig. Von einem Sysop in Leverkusen ist bekannt, daß er sogar einige Polizeibeamte zu seinen bevorzugten Kunden zählt. Diese erhalten ihre Abo-Bänder allerdings zum Selbstkostenpreis von 25,- DM pro Stück.

Der neuralgische Punkt eines jeden Bulletin-Boards ist die stetige Versorgung mit der aktuellsten Software. Daher haben sich einige Sysops zu diesem Zweck zu international aktiven Arbeitsgruppen zusammengeschlossen. Diese Gruppen tragen so wohlklingende Phantasienamen wie UTG für United Traders of Germany (Vereinigte Raubkopierer Deutschlands) oder ZZC für Zig Zag Cooperation (Hin und Her Kooperation). Die größte international tätige Gruppe von Raubkopierern mit dem Namen TRSI für Trader Society International, zu Deutsch Internationale Vereinigung von Raubkopierern ist in 18 Ländern vertreten.

Das wohl exotischste Mitglied der TRSI-Gruppe ist ein Bulletin-Board mit dem Namen Desert Rat (Wüstenratte) in Kuwait.

Der wohl mit Abstand dreisteste Betreiber eines Bulletin-Boards in Deutschland positionierte seine Computer im Gebäude des Deutschen Bundestages, wo er bis vor kurzem als EDV-Spezialist tätig war. Er ging sogar so weit, eine für den Anrufer gebührenfreie Telefonnummer des Bundestages zu benutzen. Die Rechnung zahlte, ganz in der Tradition des Hauses, stets der Steuerzahler.

Eine Sonderstellung in der BBS-Subkultur nehmen die sogenannten Cracker ein. Ihre Aufgabe ist es, kopiergeschützte Programme zu entschlüsseln und den Kopierschutz zu entfernen. Für diese Aufgabe, die meist von Schülern und Studenten mit besonderen Programmierkenntnissen übernommen wird, erhalten die Cracker vom Sysop unbegrenzten Download-Freiraum (unlimited access). Das Ansehen eines Sysops und seines Bulletin-Boards steigt innerhalb der international tätigen Arbeitsgruppen mit der Anzahl der neu veröffentlichten (releasten) entschützten Programme. Ein Programm-Hacker hinterläßt daher gerne in dem von ihm geknackten Programmen eine elektronische Visitenkarte seiner Arbeitsgruppe in Form von Werbeschriftzügen, die beim Start eines solcherart geknackten Programms sichtbar werden.

Ein Sysop ist immer bestrebt, ein Gleichgewicht zwischen Abo-Kunden, Crackern und Tradern zu schaffen, damit er und seine Arbeitsgruppe immer genügend aktuelle Programme zur Verfügung haben. Das Schaffen von Credits über die Methode des Tradens ist sehr zeitaufwendig. Daher sind es meist Schüler und Studenten, die diese Funktion übernehmen. Kaum ein Schüler ist jedoch in der Lage, die sehr hohen Telefonrechnungen zu bezahlen, die durch das internationale Traden entstehen. Daher

ist jeder Trader darum bemüht, die Fertigkeit des kostenfreien Telefonierens zu erlernen, um auch international
aktiv sein zu können.

Es stellt sich die Frage, wie es die Hackergruppen
schaffen, an Software zu kommen, die noch nicht an Kunden ausgeliefert wurde. Software also, die eigentlich noch
in den Entwicklungslabors oder in den Tresoren der betreffenden Firmen schlummern sollte. Die Antwort ist einfach: Sie schauen den Programmierern direkt auf die Finger. Via Modem suchen die dafür zuständigen Mitglieder
einer Hackergruppe nach einem schwachen Punkt in den
Datenübertragungsleitungen der Softwarehäuser. Fündig
werden sie dabei meist bei den Telefonanlagen. Nach ge-
lungenem Einbruch via Modem stehen ihnen dann alle
gewünschten Informationen und Programme zur Verfügung.

Das Bewußtsein für die Strafbarkeit des Raubkopierens
ist auch bei „normalen" Computernutzern nur ausgesprochen schwach ausgeprägt. Auf den meisten Bürocompu-
tern befinden sich auch illegal kopierte Programme. Sogar
auf Polizeiwachen und in Vollzugsanstalten finden sich
Programme, die auf den Namen Donald Duck lizensiert
sind. Auf privat betriebenen Personalcomputern befinden
sich derzeit bis zu 75 Prozent illegal kopierte Anwen-
dungsprogramme. Bei Computerspielen liegt dieser Wert
noch höher. Die Programme werden im Freundes- und
Kollegenkreis offen getauscht. Einige Computerbesitzer
haben sich eine nebenberufliche Einnahmequelle erschlos-
sen, indem sie ihren Freundes- und Kollgenkreis mit
selbstgebauten Rechnern beliefern. Diese Rechner sind
oftmals mit den neuesten Anwendungsprogrammen und
Computerspielen ausgestattet und verfügen meistens nicht
einmal über ein lizensiertes Betriebssystem. Mit solchen
Angeboten kann der qualifizierte Fachhandel natürlich
nicht konkurrieren.

Den Softwarefirmen entsteht durch solche Praktiken jährlich ein Verlust in Milliardenhöhe. Auch das Angebot von in der Leistungsfähigkeit reduzierter Anwendungssoftware zu Sonderpreisen und Sonderrabatte für Schüler und Studenten haben kaum Wirkung gezeigt. Es ist daher nicht verwunderlich, daß die großen Softwarefirmen mittlerweile Belohnungen von 10.000,- DM und höher für die Ergreifung von Softwarepiraten ausloben. Findige Anwälte haben darin eine Marktlücke erkannt und verdienen viel Geld mit dem Aufstöbern und Denunzieren von Softwaresündern.

Daß sich die Softwarefirmen gegen die Piraterie zur Wehr setzen, ist mehr als verständlich. Ein Anwalt aus München überschritt dabei allerdings die Grenze der guten Sitten, indem er die von ihm denunzierten Täter in meist jugendlichem Alter vorher selbst zum Raubkopieren verführte. Zu diesem Zweck stellte er eigens einen Mitarbeiter ein, der unter den falschen Namen Simone Reuenberg, Monika Witte, Jasmin Flechter, Michaela Kriegel, Veronika B. und Tanja Nolte-Berndel folgenden Brief verfaßte und als Antwort auf Anzeigen in Zeitungen verschickte:

Simone Reuenberg
Tunnelstr.101
45966 Gladbeck

Hallo <NAME>, ich habe Deine Anzeige in der Computer Flohmarkt gelesen, mir Gedacht schreib mal vielleicht können wir ja Spiele tauschen. Nun die Wahrheit ist ich habe den Tip von einem Klassenkameraden bekommen mir eine Computer Zeitung zu kaufen und dann jemanden zu schreiben. Er ist der Meinung das ich auch mal Spiele besorgen soll und nicht immer welche von ihm nehme obwohl ich ihm immer für eine volle Diskette zwei leere geben muß. Naja das ist nun mein zweiter Versuch, beim erstenmal habe ich einen Peter Zielonki aus Hamburg angeschrieben, er schrieb auch sofort zurück ich sollte ihm 10 leere Disketten schicken nur bis heute habe ich noch keine Antwort und keine Disketten bekommen. Wie es aussieht sind die 10 Disketten wohl weg denn das ist auch schon 6 Wochen her. Ich hoffe ich habe da bei dir mehr Glück und Du gehörst nicht zu den Typen die erst schreiben schicke mir Disketten und Du behältst sie dann einfach denn bei 50 DM Taschengeld kann ich mir das nicht erlauben.

Nun zu mir, ich habe am 15.3. Gebrustag bin also fast 16 Jahre alt gehe in die Anna Peters Schule in Gladbeck Mitte in die Klasse 9b . Jetzt fang bloß nicht an zu Rechnen denn eine Ehrenrunde habe ich gemacht kann aber jeden mal passieren. Ausgang habe ich bis 22.30 Uhr, Wochenende auch schon mal etwas länger je nach Laune meiner Oberregierung . Hobbys habe ich erst mal den PC, ab und zu Tanzen gehen und wenn das Geld reicht schon mal ins Kino. Das wars erst mal zu mir und jetzt zu meinen Programmen, ich habe Norton 4.0, Corel Darw 4.0, Star Writer 1.0, PC Tools 9.0, Dos 6.0 und Dos 6.2, Windows 3.2 englische Version, Money 1.0 fuer Windows, Works 2.0 fuer Windows, Jack Nicklas Golf, Yier Air Kung Fu, Time Machine, They stole one Million Dollar Combat School, Druid, Starrion ist aber nichts Dolles, Boxing, Der blaue Kristall, Spellbreaker und Pinnball Dreams Fantasy. Ich hätte gerne Super Hang on, Vermerr, Waterloo, Supermann, R.- Type, Elite, Bundesliga Manager 1 u 2, Hanse, Waterloo, Robocop und Last Ninja. Ich habe noch eine paar andere Programme aber die kann ich Dir ja das nächste mal mit aufschreiben. Schicke mir wenn Du hast auch eine Photo und eine Liste von Dir , ich werde dir auch ein Foto von mir mitschicken wenn ich eins finde sonst das nächste mal, bis dann <NAME> und tschüsssiii Simone.

PS. Ich werde mal versuchen ein Adressettikett zu Drucken, leider Kosten diese Etiketten zuviel fuer 100 Stück 6.95 DM ganz schoen happig find ich. Fall du Interesse an Singels, LP oder CD hast kann ich Dir das nächste mal meine Liste schicken, vielleicht können wir ja dann Platten gegen Programme tauschen."

Die meist sehr naiven Jugendlichen schickten auf diesen gleichermaßen an das Mitleid wie auch an das Ehrgefühl appellierenden Brief ihre Listen mit den raubkopierten Spielen und nicht selten auch ihr Foto an das „nette Mädchen" mit der schlechten Rechtschreibung. Natürlich landete diese Post direkt auf dem Schreibtisch des Anwalts, der sofort eine Abmahnung verfaßte, die mit einer Kostennote von im Durchschnitt 399,- DM belegt war. Lange Zeit machte der münchener Anwalt auf diese Weise einträgliche Geschäfte, ehe seine Praktiken durch die Medien aufgedeckt wurden.

Datex J (BTX)

BTX (jetzt T-Online) ist stark im Kommen, und immer mehr Kunden rufen per BTX nicht nur mehr die An- und Abflugzeiten auf dem lokalen Flughafen ab, sondern nutzen die technischen Möglichkeiten dieses Mediums auch für den privaten Zahlungsverkehr.

Im BTX werden Texte und grafische Darstellungen an Bildschirmendgeräte übermittelt und dort seitenweise dargestellt. Die Datenübermittlung erfolgt meist über eine herkömmliche Telefonleitung. Die im Bildschirmtext realisierten Anwendungen sind äußerst vielseitig, sogar Dialoganwendungen lassen sich in bescheidenem Umfang realisieren.

Über BTX lassen sich nicht nur Informationsseiten abrufen, die vorher im Rechner der Telekom abgelegt werden müssen, sondern auch Verbindungen zu externen Rechnern herstellen. Der Benutzer kann somit im Dialogverfahren direkt mit Datenbanken, Bestell-, Buchungs- und Reservierungssystemen in Kontakt treten.

In Privathaushalten wird BTX zunehmend für eine vereinfachte Kontenführung eingesetzt. Die meisten Banken bieten mittlerweile diese Form des Kontenzugriffs an. Abgesichert ist der elektronische Bankschalter über ein Zugriffspaßwort, mit dem jedoch nur Informationen wie beispielsweise der Kontenstand abgefragt werden können. Für den Geldtransfer via Überweisung oder für das Einrichten von Daueraufträgen benötigt der Anwender eine sogenannte TAN (Transaktionsnummer für den einmaligen Gebrauch). Diese Geheimzahl kann nur für jeweils einen Vorgang (Überweisung oder Anlage eines Dauerauftrags) gebraucht werden und ist danach wertlos. Die Banken verschicken in der Regel einen Vorrat von bis zu 250 Transaktionsnummern bei der Einrichtung der BTX-Kontenführung. Wenn diese Nummern aufgebraucht sind, wird dem Kunden eine neue TAN-Liste zugesandt.

Auf den ersten Blick erscheint dieses System sehr sicher. In der Praxis weist es jedoch entschiedene Lücken auf, die einem Hacker den unbefugten Zugriff außerordentlich einfach machen.

Daten werden im BTX nicht in kodierter Form übertragen, daher kann sie jeder mitschneiden und analysieren. Eingentlich sollte die TAN-Nummer vor solchen Übergriffen schützen, jedoch fängt sie die Manipulationsmöglichkeiten eines Hackers nur unzureichend auf, wie ein realer Fall aus der näheren Umgebung von Köln zeigt: Einem Kölner EDV-Spezialisten und Hobbyhacker war von seinem Arbeitgeber gekündigt worden. Der Hacker fühlte sich ungerecht behandelt. Auch eine Verhandlung vor dem Arbeitsgericht führte nicht zu einem Ergebnis, das ihn befriedigte. Er beschloß daraufhin, die Angelegenheit in eigener Regie zu klären. Einen möglichen Ansatz dafür sah er darin, daß die Firma ihren gesamten bargeldlosen Zahlungsverkehr via BTX erledigt. Zunächst verschaffte er sich Zugang zu den Telefonleitungen der Firma. Er wußte genau, daß eine Telefonleitung speziell für den BTX-Verkehr geschaltet worden war. Mit Hilfe eines Induktionsabnehmers, einem kleinen Abhörgerät auf Magnetfeldbasis, bespitzelte er zunächst alle Telefonleitungen der Firma und fand so die für die Datenübertragung benutzte Leitung.

Als nächstes eröffnete er bei jeder Bank, die auch von seinem ehemaligen Arbeitgeber benutzt wurde, ein Konto und beantragte BTX-Kontenführung. Er analysierte den Aufbau der jeweiligen BTX-Anwendungen innerhalb der Banken und programmierte sie nach. Dies war nicht besonders schwierig, da die meisten BTX-Programme der Banken nur über einen sehr eingeschränkten Funktionsumfang verfügen. Er fügte seinem Programm ein Unterprogramm hinzu, das ein Modem steuern konnte, und auf diese Weise konnte er nun einem Anrufer eine Verbindung zu einer Bank simulieren. Dies war allerdings nur der halbe Weg zum Ziel, denn er konnte auf diese Weise zwar das Zugangspaßwort erbeuten, hatte aber noch keinen Zugriff auf die TAN-Nummern seines ehemaligen Arbeitgebers. Zudem wäre den Mitarbeitern seine Manipulation sofort aufgefallen, wenn sie Konteninformationen wie beispielsweise Kontoauszüge abgerufen hätten.

Um auch dieses Hindernis aus dem Weg zu schaffen, programmierte er ein weiteres Unterprogramm, daß über ein zweites Modem zeitgleich zu den Eingaben des Opfers einen realen BTX-Zugriff ausführte. Sofort, nachdem die

Eingabe der Zugangspaßwörter erfolgte, führte das Programm simultan die gleichen Arbeitsschritte aus. Dadurch verfügte seine BTX-Simulation über die Fähigkeit, alle vom legalen Bediener gewünschten Informationen anzeigen zu können. Lediglich, wenn die Eingabe einer Überweisung erfolgte, wich das vom legalen Bediener gewünschte Ergebniss ein wenig von der Realität ab. Das Hackerprogramm übermittelte die Überweisungsdaten nebst TAN-Nummer nicht an den Bankrechner, sondern speicherte sie einfach ab. Das Simulationsprogramm zeigte den legalen Bedienern trotzdem ein korrektes Ausführen der in Wirklichkeit nicht ausgeführten Geldtransaktion an. Somit war der Hacker in der Lage, nicht nur die Zugangsschlüssel zur Bank, sondern auch die jeweiligen Transaktionsnummern für die Überweisungen mitzuschneiden. Der Hacker hatte nun alle elektronischen Waffen in der Hand, um seinem ehemaligen Arbeitgeber entgegentreten zu können.

Zwei Tage nach Fertigstellung seines Watchdog-Programmes (Hackerausdruck für „elektronischer Wachhund") schritt er an einem Donnerstag im Dezember 1995, noch bevor die Mitarbeiter ihren Dienst antraten zur Tat. Er verschaffte sich erneut Zugang zum Firmengebäude und installierte einen Notebook-Computer mit zwei eingebauten Modems in den praktisch vollkommen ungeschützten Schaltkasten mit den Telefonleitungen. Das erste Modem verband er mit der speziell für die BTX-Kontenführung eingerichteten Telefonleitung. Dann benutzte er eine zweite Telefonleitung der Firma und verband sie mit dem zweiten Modem. Da es eine von insgesamt über 40 Telefonleitungen war, die in den Telefoncomputer der Firma führten, fiel der Verlust niemandem auf. Er schaltete den Rechner ein und wartete auf den ersten Kontenzugriff.

Pünktlich um 8.30 Uhr setzte sich der leitende Buchhalter an seinen Rechner, um die Kontenstände abzufragen.

Er schaltete den Rechner ein und startete sein BTX-Programm, daß er soweit automatisiert hatte, daß es schon von sich aus die entsprechenden Zugangspaßwörter zum Bankrechner senden konnte. Auch die TAN-Nummern brauchte er nicht jedesmal einzugeben, sie waren schon im Programm gespeichert. Wenn die alte Liste verbraucht war, mußte er es nur einmal mit den neuen TAN-Daten laden, und schon war es bereit für weitere 250 Buchungen. Glücklicherweise wurden die TAN-Nummern verschlüsselt gespeichert, darauf hatte er als gewissenhafter Buchhalter aus Sicherheitsgründen beim Kauf geachtet. Es war kurz vor Jahresende, und die Kollegen von der Abteilung Einkauf waren ausgesprochen aktiv, wie er der großen Zahl von Eingangsrechnungen entnehmen konnte. Er entschloß sich, die Rechnungen nicht als Sammelüberweisung, sondern der Klarheit wegen lieber einzeln zu buchen. Zwar verbrauchte er hierdurch eine Menge Transaktionnummern, jedoch würde es eine etwaige Fehlersuche vereinfachen.

Sein Blick fiel auf den Stapel mit den Eingangsrechnungen, und ihm wurde klar, daß er bis zur Mittagspause noch eine Menge Arbeit vor sich hatte. Wenigstens verschaffte ihm sein BTX-Programm durch die automatische Aufbereitung der Kontoauszüge etwas Arbeitserleichterung. Mit seiner Zeitschätzung lag er gar nicht so schlecht, denn gegen 11.45 Uhr hatte er die Dateneingabe abgeschlossen und startete die automatische Datenübertragung zum Bankrechner. Er nahm sich vor, die Kontierungsbearbeitung der Rechnungen auch noch an diesem Tag zu erledigen, damit er den nächsten Arbeitstag mit einem leeren Schreibtisch und einer gemütlichen Tasse Kaffee beginnen konnte - so wie er es liebte. Da der Computer die erfolgten Überweisungen schon gemeldet hatte, schaltete er den Rechner aus und ging zum Essen in die Kantine.

Im Keller des Bürogebäudes konnte der Hacker einen Aufschrei der Freude nur mühsam unterdrücken. Am liebsten hätte er vor Lachen losgebrüllt und einen kleinen Regentanz initiiert, denn heute war anscheinend sein Glückstag. Seit einigen Sekunden schien der Zähler seines Watchdog-Programmes, der die erbeuteten Transaktonsnummern addierte, nicht mehr stillstehen zu wollen. Der Summenzähler, der die Wertigkeit der Buchungen addierte, stand auf 172.890,27 DM, als er nicht mehr weiterzählte. Nachdem das Modem in der Buchhaltung die simulierte Verbindung zu den virtuellen Notebook-Banken im Keller getrennt hatte, trennte der Hacker seinen Computer vom Leitungsnetz seines ehemaligen Arbeitgebers ab und stellte den ursprünglichen Zustand der Leitungen wieder her. Er machte sich sofort auf, um die Daten zu analysieren.

Die Datenanalyse bestätigte die Erwartungen des Hackers. Die insgesamt 62 Transaktionsnummern, die er erbeutet hatte, sollten für den Ausgleich von 62 Eingangsrechnungen seines alten Arbeitgebers verwendet werden, die einen Gesamtwert von immerhin 172.890,27 darstellten. Er konnte sich allerdings eine bessere Verwendung für diesen Betrag vorstellen, denn dies war genau die Summe, die er sich als gerechte Abfindung für den Verlust seines Arbeitsplatzes vorgestellt hatte. Die Überweisungen liefen nicht nur über eine, sondern über fast alle Banken, die er dem Briefkopf der Firma entnommen hatte. Die Geschwindigkeit, mit der die Überweisungen und der Wechsel zwischen den Bankrechnern erfolgten, deutete auf den Einsatz eines automatischen Überweisungsprogramms hin. Diese Programme und ihre Funktion kannte der Hacker recht gut, und somit wußte er auch, wie man ihre Sicherheitsmechanismen am besten aushebelt. Er machte sich sofort ans Werk, denn er wollte möglichst schnell in den Genuß seines illegalen Tagwerkes kommen.

Der Hacker druckte die Buchungsdaten aus und startete sein eigenes BTX-Programm. Als nächstes meldete er sich mit den Zugangsdaten seines alten Arbeitgebers im BTX-Netz an und ließ sich mit dem ersten Bankrechner verbinden. Hier waren es fast 38.000 DM, die es zu überweisen galt. Er rief den Überweisungsteil des Bankenprogramms auf und reproduzierte die ausgespähten Rechnungen. Um seine Aktivität zu verschleiern, verwandte er für die Eingabe des Verwendungszwecks der Überweisung nicht nur die gleichen Rechnungsnummern wie der Buchhalter, sondern gab auch jeweils exakt die gleichen Beträge ein. Lediglich bei den Eingabefeldern für die Zielkontonummer und die Zielbankleitzahl gab er falsche Daten ein, wobei er die bei der gleichen Bank unter seinem eigenen Namen eingerichteten Konten verwandte. Er hatte die Konten sogar extra mit dem Zusatz „EDV-Vertrieb" versehen, damit er auch den Eingang von größeren Beträgen vor einem möglicherweise mißtrauischen Bankangestellten rechtfertigen konnte. Um etwaige automatische Kontrollmechanismen auszuhebeln, die sprunghafte Umsatzveränderungen erkennen und den Bankangestellten anzeigen, hatte er zuvor seine eigenen Ersparnisse zwischen den eigenen Konten hin und her transferiert und so für beträchtliche Umsätze gesorgt. Zudem dürfte dem Buchhalter der Mißbrauch nicht besonders schnell auffallen, da die tägliche Kontrolle der BTX-Konten einen korrekten Kontensaldo ergeben würde, dachte er sich. Er spielte in Gedanken seine Vorsichtsmaßnahmen nochmals durch, befand sie für sicher und widmete sich nun den anderen Banken seines ehemaligen Arbeitgebers. Da er das Geld lediglich innerhalb der jeweiligen Bank von einem Konto auf das andere transferierte, konnte er sicher sein, über die Summen schon am folgenden Montag verfügen zu können.

Als der Buchhalter am folgenden Tag seinen Rechner einschaltete und die Konten überprüfte, sah er, daß alle

Kontensalden stimmten und die Überweisungen korrekt ausgeführt worden waren. Zufrieden widmete er sich der Kontierung der restlichen Belege, mit denen er am Vortag nicht mehr ganz fertig geworden war. Sein Schreibtisch war obendrein mit einem Stapel neuer Eingangsrechnungen beladen, so daß er noch reichlich zu arbeiten hatte, ehe er ins Wochenende gehen konnte. „Das Jahresendgeschäft ist immer streßig", dachte er sich wohl und widmete sich wieder seinen Belegen.

Der Hacker überprüfte etwa zur gleichen Zeit ebenfalls seine Konten und war nicht weniger zufrieden als sein ehemaliger Kollege. Wie er erwartet hatte, waren die Beträge seinen Konten schon gutgeschrieben worden. Er rief daraufhin direkt bei den Banken an und bat darum, für den Montag den Kontenständen ungefähr entsprechende Barabhebungen zu disponieren, da er umfangreiche Bauteileinkäufe für sein Computergeschäft plane. Die Bankangestellten bedankten sich für die Vorwarnung und versprachen, den montäglichen Kassenbestand entsprechend zu disponieren.

Der Wochenanfang zeigte sich für den Hacker als ausgesprochen ergiebig, denn bei allen Banken, die er an diesem Tag besuchte, funktionierten die Barabhebungen reibungslos.

Er versteckte das Bargeld und machte sich Gedanken über die letzte Stufe seines Plans: den Besuch bei seinem ehemaligen Chef. Er hatte noch vor dem Wochenende unter dem Vorwand, das Arbeitszeugnis besprechen zu wollen, einen Besuchstermin mit ihm vereinbart. Er wußte, daß sein ehemaliger Chef besonders auf den guten Ruf des Betriebes bedacht war, denn als Vertriebsfirma für den Verkauf von Computernetzwerken konnte er keine schlechte Presse gebrauchen. Daher rechnete sich der Hacker gute Chancen dafür aus, daß auch der letzte Teil seines Plans funktionieren würde.

Mit gemischten Gefühlen suchte der Hacker das Gebäude seines ehemaligen Arbeitgebers auf und betrat zielstrebig das Büro seines Ex-Chefs, der ihn freundlich empfing. Die freundlichen Gesichtszüge des Chefs veränderten sich allerdings ausgesprochen schnell, als er von dem Hacker über dessen Handeln informiert und auf die möglichen Folgen einer Pressemitteilung im Falle einer Anzeige hingewiesen wurde. Der eiligst herbeizitierte Buchhalter bestätigte nach einer Überprüfung verblüfft den Sachverhalt, denn er hatte bis dahin trotz seiner täglichen Kontrolle der Konten den Betrug noch nicht bemerkt. Der Chef sah sich in die Enge getrieben und beschloß, mit dem Hacker zu verhandeln. Beide einigten sich schließlich auf die Rückzahlung eines Betrags von 72.890,27 DM, so daß dem Hacker noch genau 100.000 DM Ertrag aus seiner kriminellen Handlung blieben. Dafür verzichtete der ehemalige Chef auf eine Anzeige und stellte dem Hacker auch noch ein ausgesprochen positives Arbeitszeugnis aus. Der Hacker verabschiedete sich höflichst und machte sich eilig aus dem Staub.

Auch heute noch führt der Hacker von den Ermittlungsbehörden vollkommen ungestört gelegentlich seinen elektronischen Wachhund spazieren und verdient nicht schlecht dabei. Er hat seine Methode allerdings noch etwas perfektioniert: Er bedient sich nunmehr der Konten von Gastarbeitern meist polnischer Herkunft. Die speziell für diesen Zweck angeheuerten Polen kommen nur nach Deutschland, um ein Konto zu eröffnen und einige Barabhebungen zu tätigen. Danach verlassen sie Deutschland wieder und freuen sich über ihre Provision.

Datex P

Bereits 1980 erkannte die Telekom die Notwendigkeit von schnellen Datenübertragungswegen und richtete das Datex-P-Netzwerk ein. Dieses Übertragungsnetz wurde bis heute stetig weiterentwickelt und ist nunmehr in der Lage, bis zu 64.000 Informationen (64KB) pro Sekunde zu übertragen. Die zu übertragenden Daten werden im Datex-P-Netz als Datenpakete mit der Adresse des Empfängers an eine Vermittlungsstelle gesendet und von dort aus über weitere Vermittlungsstellen „weitergereicht", bis sie an der Zieladresse angekommen sind. Ein Benutzer muß sich dem Netz gegenüber mit einer „Network-User-Identifikation" (NUI) ausweisen.

Gestohlene NUI´s werden in der Hackerszene hoch gehandelt, denn dadurch wird Hackern der Zugang zu sehr vielen nationalen und internationalen Rechnern ermöglicht, die aus Sicherheitsgründen nicht an das BTX-System oder das Internet angeschlossen sind. Wie gefährlich ein Hacker werden kann, der sich in der Handhabung des Datex-P-Netzwerks auskennt, bewies ein Hacker aus Hannover. Er drang via Datex-P zunächst in den Universitätscomputer der Uni-Bremen ein. Von dort aus wechselte er in das Tymnet-Netzwerk und brach in das Lawrence Berkley Labor in Amerika ein. Sein nächster Schritt bestand darin, sich Zutritt zu den wichtigsten Computern des US-Militärs sowie der NSA (National Security Agency) zu verschaffen. Außerdem brach er in den Computer des US-Justizministeriums ein und gelangte außerdem in den Rechner der US-Bundespolizei FBI. Besonders der FBI-Computer hatte es ihm angetan, denn dieser ermöglichte ihm via Interpol-Leitungen den Zugriff auf den Rechner des Bundeskriminalamtes. Ganze zehn Monate dauerte es, bis er aufgespürt und verhaftet werden konnte. Die Geschichte seiner Verfolgung beschreibt Clifford Stoll in seinem Buch „Kuckucksei" (Fischer-Verlag) auf sehr spannende Weise. Obwohl dieses Buch in Deutschland bereits 1990 erschienen ist, gilt es immer noch als Standard-Fortbildungslektüre für Hacker. Viele der in diesem Buch beschriebenen Sicherheitslücken sind auch heute noch aktuell.

Internet

In der frostigsten Zeit des Kalten Krieges wurden die verantwortlichen Lenker der USA von allerlei Ängsten verfolgt. Besonders ausgeprägt waren diese Ängste bei den Mitarbeitern der NSA in Fort Meade, die in ständiger Furcht vor einem Atomschlag lebten. Ihre Sorge galt dabei weniger der Bevölkerung als vielmehr den vielen teuren Computern der Behörde. Die Ingenieure machten sich ans Werk und suchten nach einem Weg, einem durch einen Atomkrieg entvölkerten Planeten wenigstens seine Datenbestände erhalten zu können. Die Techniker der NSA fanden eine Lösung in der Möglichkeit, Daten auf vielen Computern gleichzeitig zu speichern wobei diese Computer im ganzen Land verstreut und via Modem untereinander verbunden waren. Die zu übertragenden Daten wurden dabei, ähnlich wie bei Datex-P, in kleine Pakete zerlegt und mit einer elektronischen Adresse versehen. Über freie Leitungen konnten die Datenpakete auf diese Weise zwischen den Rechnern weitervermittelt werden, wobei nur ein aktiver Rechner als Vermittlungsrechner dienen konnte. Somit konnte eine Nachricht selbst bei einem

Teilausfall des Netzes ihr Ziel erreichen. Dies war die Geburtstunde zweier Netzwerke, des ARPA-Net (Advanced Research Projects Agency) und des DARPA-Net (Defense Advanced Research Projects Agency).

Ursprünglich sollte das ARPA-Net nur testweise vier Rechner an verschiedenen Universitäten miteinander verbinden. In den Folgejahren wurden jedoch immer mehr Universitäten in dieses Netz integriert. Die militärische Variante (DAPRA) wurde in MILNET umbenannt und existiert in veränderter Form auch heute noch.

Nach und nach beteiligten sich auch Rüstungfirmen am MILNET und nutzten die Möglichkeit der schnellen Datenferübertragung. Entgegen der ursprünglichen Planung entwickelte sich das MILNET auf diese Weise von einem Datensicherungsmedium zur ersten Datenautobahn, wobei allerdings angesichts der damals noch sehr langsamen Datenübertragungsgeschwindigkeit die Bezeichnung „Datenfeldweg" wohl eher treffend wäre. Mit der Anzahl der Teilnehmer im MILNET vermehrten sich auch die Sicherheitslücken im Netz. Eine einzige Rüstungsfirma mit einem nachlässigen Netzwerkverantwortlichen konnte einem unbefugten Eindringling ungewollt alle Türen zu den geheimen Daten öffnen, wie das im Kapitel „Datex-P" beschriebene Beispiel zeigt.

Aus der zivilen Variante des Milnet (ARPA) entwickelte sich das Internet. Als die US-Regierung 1986 eine schnelle Datenverbindung zwischen Hochleistungsrechnern an einigen amerikanischen Universitäten installierte, stieg die Verarbeitungsgeschwindigkeit auf ein brauchbares Niveau an. Diese Datenverbindung mit dem Namen NSF-Net (National Science Foundation) bildet heute eine der zentralen Datenverbindungsknoten des Internet, über die ein großer Teil des Datenvolumens läuft.

Nachdem das Kernforschungszentrum CERN 1992 eine grafische Benutzeroberfläche mit dem Namen „World

Wide Web" (WWW) veröffentlichte, konnten sich erstmals auch Privatanwender auf einfache Weise im Internet bewegen. In Deutschland bieten mittlerweile eine Vielzahl von Firmen einen preiswerten Zugang zum Internet an (beispielsweise AOL und Compuserve). Der genaue Umfang von Internet kann heute nur noch geschätzt werden. Zur Zeit enthält das Internet ungefähr 45.000 Teilnetze mit ca. vier Millionen angeschlossenen Rechnern. Nach neuesten Schätzungen greifen derzeit bis zu 40 Millionen Anwender auf das Informationsangebot des Internet zu. Die enormen Zuwachsraten des Internet, täglich kommen bis zu 500 Server hinzu, lassen die Prognose zu, daß sich dieses Medium zum führenden Informationsanbieter der Zukunft entwickeln wird.

Oftmals wird die Anonymität des absolut offen konzipierten Internet zur Verbreitung von Informationen mit kriminellem Hintergrund mißbraucht. So haben sich die Hackerkonferenzen, die vorher vorwiegend in der Bulletin-Board-Szene vertreten waren, mehr und mehr auf das Internet verlagert. Dies hat für die Hacker den Vorteil, daß sie nunmehr weltweit mit anderen Hackern konferieren und Informationen austauschen können. Die neusten Informationen über Schwachstellen in Betriebssystemen und Netzen stehen somit der gesamten Hackerszene innerhalb von Sekunden zur Verfügung.

Der dadurch erzielte schnelle Verbreitungseffekt stellt die Datenschützer zunehmend vor ein Problem, denn gegen einen derartig gut organisierten Gegner sind sie schlichtweg machtlos.

So wird beispielsweise der geplante Sicherheitsstandard zur Datenübertragung von sicherheitsrelevanten Informationen zwischen Banken (HBCI) derzeit in den Hackerkonferenzen eifrig diskutiert und analysiert. Die bestens organisierten Hacker haben bereits jetzt erste Erfolge in der Entwicklung einer Entschlüsselungsstrategie erzielt, obwohl das eigentliche Verschlüsselungsprogramm noch nicht einmal auf dem Markt ist.

Eine der beliebtesten Anwendungen im Internet ist das Versenden von elektronischen Briefen (E-Mail). Jeder der mittlerweile über 40 Millionen Benutzer verfügt über eine eindeutige Netzkennung und kann unter dieser Adresse (IP-Adresse) Nachrichten und Programme aus aller Welt empfangen und versenden. Dieser Briefverkehr ist jedoch ausgesprochen unsicher, denn es ist für einen Hacker ausgesprochen einfach möglich, eine solche Adresse zu fälschen und auf diese Weise Dokumente und Programme unter einer gefälschten Benutzerkennung zu versenden.

Da fast alle im Internet übertragenen Daten absolut offen über zahlreiche Rechner geleitet werden, ist es problemlos möglich, sie abzufangen, zu lesen und zu manipulieren. Sogar Benutzerkennungen und Paßwörter werden im Internet in der Regel unverschlüsselt übertragen und können mitgelesen werden.

Ähnlich wie bei der menschlichen Sprache unterhalten sich auch Computer in verschiedenen „Dialekten" miteinander. Um zu erreichen, daß sich Computer verschiedenster Bauart trotzdem verstehen, benötigt man einen einheitlichen Dialekt, der in der Sprache der Computerspezialisten „Protokoll" genannt wird. Auch die Datenübertragung im Internet verwendet ein solches Protokoll mit dem Namen TCP/IP, das allerdings einige Sicherheitslücken aufweist. So verwenden Hacker beispielsweise gerne eine ähnliche Angriffsvariante auf das TCP/IP-Protokoll, wie sie im Kapitel „BTX (Datex-J)" beschrieben wurde. Ein elektronischer Wachhund (Watchdog) filtert aus dem Datenstrom alle Datenpakete heraus, die für das Angriffsziel bestimmt sind. Nach der Datenanalyse mit anschließender Manipulation werden die Daten dann wieder in den Datenstrom eingegliedert und erreichen so in gefälschter Form den Zielrechner. Im Gegensatz zu den Manipulationen im BTX kann ein Hacker auf diese Weise sämtliche Nachrichten und Daten abfangen die beispielsweise eine im Internet aktive Bank erreichen sollen. Auf diese Weise erhält der Hacker einen umfassenden Kontenzugriff, der sich nicht nur auf einen einzelnen Bankkunden, sondern über sämtliche Konten erstreckt. Da dies auch die deutschen Banken erkannt haben, sind sie derzeit nur sehr schwach im Internet vertreten und verbreiten allenfalls Informationen über von ihnen angebotene Produkte im Netz. Sobald die Verschlüsselungsproblematik im Internet gelöst ist, wird sich dies wohl ändern.

Die derzeit im Internet am häufigsten vertretene Verschlüsselungsmethode ist die des Netscape-Navigators. Dieses Programm, das sogar für Finanztransaktionen geeignet sein soll, benutzt eine abgewandelte Version der RSA-Verschlüsselungsmethode (sh. im Anhang: Kryptologie für Mathematik-Interessierte). Aktuell sind zwei Fälle bekannt, bei denen dieser Schlüssel gebrochen wurde:

Zunächst gelang es im August 1995 dem 27jährigen Studenten Damien Doligez von der Pariser Ecole Polytechnique, den 40-Bit-Schlüssel einer mit Netscape verschlüsselten Nachricht zu entschlüsseln. Er benutzte dazu zwei Hochleistungsrechner und insgesamt 120 Workstations der Hochschule und benötigte ungefähr 14 Tage zur Entschlüsselung. Es gelang ihm jedoch nur, eine einzige Nachricht zu entschlüsseln, da der von ihm entdeckte Schlüssel nur ein temporärer „Session-Key" war, der nur einmalig eingesetzt wurde. Die Firma Netscape nutzte diesen Vorfall als Beweis für die hohe Betriebssicherheit ihres Schlüssels. Wesentlich weniger bekannt ist, daß es wenig später, im September 1995, einen erneuten erfolgreichen Angriff auf die Netscape-Verschlüsselung gab, der weitreichendere Folgen haben sollte.

David Wagner und Ian Goldberg, zwei Informatik-Studenten an der Berkley-Universität, analysierten die Netscape-Verschlüsselung und entdeckten eine Schwachstelle. Der Netscape-Algorithmus generierte zur Schlüsselerzeugung keine echten Zufallszahlen, sondern verwendete Informationen über das Computersystem des Anwenders und den Zeitpunkt der Transaktion. Dieser Fehler machte den Studenten eine Dechiffrierung des Schlüssels ausgesprochen einfach, und sie erstellten ein Programm, das den Netscapeschlüssel auf einem einfachen PC innerhalb von weniger als einer Minute brechen konnte. Die beiden Informatik-Studenten veröffentlichten ihre Ergebnisse im Internet und zwangen damit die Firma Netscape zu einer schnellen Änderung des Verschlüsselungssystems.

Das Datenvolumen der über Internet transportierten Informationen steigt kontinuierlich an. Derzeit werden jährlich etwa zwölf Milliarden elektronische Briefe verschickt und etwa 36 Terrabyte an Daten transportiert. Mit Vorsicht zu genießen sind dabei allerdings die vielen Programme, die sich jeder Anwender aus dem Netz holen kann, denn sie enthalten häufig Computerviren, die den eigenen Rechner schnell unbrauchbar machen können.

3.

Computerviren und andere elektronische Störenfriede

Computerviren

Ein biologisches Virus bricht in eine intakte Zelle ein und bringt diese dazu, die Erbinformationen des Virus zu reproduzieren. In ähnlicher Weise reproduziert sich auch ein Computervirus. Er dringt in ein Computersystem ein, dupliziert sich und schickt Kopien von sich in andere Systeme.

Für den Wirtscomputer besteht ein Virus aus Programmbefehlen, die ihm legitim erscheinen. Oft sind diese Befehle in ganz normalen Programmen verborgen und halten einen „elektronischen Winterschlaf", bis das Wirtsprogramm aufgerufen wird. Nach dem Erwachen kopiert sich der Virus in ein anderes Programm auf demselben Computer. Dadurch wird es schwierig, einen Virus zu deaktivieren. Sobald eine infizierte Datei über Diskette, Datenfernübertragung oder ein Netzwerk in einen anderen Rechner gelangt, breitet sich der Virus auch auf diesem System aus.

Die ersten Viren tauchten 1981 auf Computern des Typs Apple II auf. Es handelte sich dabei vorwiegend um sehr simple Viren, die keinen Schaden anrichteten, sondern einfach unterhalten und gefüttert werden wollten, wie das Beispiel des „Cake-Virus" zeigt. Dieser Virus infizierte eine Betriebssystemdatei und meldete sich in regelmäßigen Abständen mit der Aufforderung „Give me a cake!" (Gib mir einen Keks). Nach der Eingabe des Wortes „cake" zeigte sich der Virus zufrieden und fiel wieder in seinen elektronischen Schlaf - bis ihn der einprogrammierte Hunger erneut weckte.

Die heutigen Viren bestehen meist aus einem Infektionsteil, einem Aktivierungsteil und einem Manipulationsmodul. Der Infektionsteil befällt meist den Bootsektor einer Festplatte oder Diskette, auf dem der Rechner nach dem Einschalten das Ladeprogramm für das Betriebsystem (beispielsweise MS-DOS) sucht. Sobald eine Diskette eingelegt wird, durchsucht der Virus auch den dort enthaltenen Bootsektor und nistet sich in ihm ein. Bei „sauber" programmierten Viren ist der Infektionsteil sogar in der Lage, zu erkennen, ob ein neuer Datenträger oder eine Datei bereits befallen ist und kann so eine Doppelinfektion vermeiden. Frühe Viren konnten sehr schnell erkannt und beseitigt werden, da sie noch nicht über eine Erkennung von Mehrfachinfektionen verfügten und die befallenen Dateien sich dadurch extrem schnell vergrößerten.

Der Aktivierungsteil eines Virus bestimmt, wann dieser das erste Mal aktiv werden soll. Beliebte Auslöser sind Zählermechanismen, die beispielsweise hundert Rechnerstarts abwarten, oder zeitabhängige Ereignisse, wie das Erreichen eines bestimmten Datums. Vor einigen Jahren versetzte der Virus Michelangelo, der an einem bestimmten Datum in Aktion treten sollte, zahlreiche Firmen in Angst und Schrecken. Daß der erwartete totale Rechnerzusammenbruch dann letztlich doch nicht eintrat, ändert nichts an der potentiellen Gefährlichkeit der Viren.

Beim Manipulationsteil unterscheidet man zwischen gutartigen und bösartigen Viren. Gutartige Viren stören lediglich den Programmablauf mit unerwünschten Meldungen und richten keinen weiteren Schaden an. Die bösartigen Varianten richten teilweise enormen Schaden an. Sie überschreiben Speicherinhalte, zerstören Festplatteninhalte oder stellen einfach nur Zahlenwerte in Dateien um, was sich besonders auf die Aussagekraft von in Buchhaltungsprogrammen enthaltenen Informationen fatal auswirkt. Lediglich der „Casino-Virus" erfüllt in zynischer Form sowohl die Merkmale eines gutartigen wie auch die eines bösartigen Virus. Wird dieser Virus aktiviert, so bietet er dem betroffenen Computerbenutzer ein einfaches Glücksspiel an. Wenn der Rechnerbenutzer gewinnt, bedankt sich der Virus für das Spiel und entfernt sich aus dem System. Wenn der Spieler verliert, dann sind auch seine Daten verloren...

Jeder drittklassige Hacker ist heute in der Lage, einen Virus zu programmieren, denn die dazu benötigten Informationen kann er nahezu jedem Bulletin-Board-System entnehmen. Dort werden richtige Virengeneratoren angeboten, die genauso einfach zu bedienen sind wie eine Textverarbeitung unter Windows. Der Benutzer braucht lediglich dem Virenkonstruktionsprogramm mitzuteilen, welchen Zerstörungsgrad der Virus haben soll, wann er aktiviert werden muß, ob er Hauptspeicher belegen darf oder sich in Programmen „verstecken" soll, welche Dateien infiziert werden müssen und welche Meldungen dem Opfer angezeigt werden sollen. Das Konstruktionsprogramm setzt den gewünschten Virus dann nach dem „Baukastensystem" zusammen, und schon kann er auf Rechner losgelassen werden. In den USA sind sogar ganze „Virensammlungen" auf CD für wenig Geld erhältlich.

Computerviren haben allerdings auch einen positiven Nebeneffekt, denn durch sie ist eine komplett neue Berufsgruppe entstanden - die Virenjäger. Der bekannteste Vertreter dieser Berufsgruppe ist John McAfee aus Kalifornien. Mit dem Auftreten der ersten Computerviren kaufte er sich ein Wohnmobil, das er „Bugbuster" (Wanzenkiller) nannte, reiste damit durch Amerika und bot Firmen und Universitäten, deren Rechner von Viren infiziert waren, seine elektronischen Entlausungsdienste an. Er sammelte dabei Proben der gefundenen Viren ein und baute sich damit eine umfangreiche Virensammlung auf. Seine bei der Virenanalyse gewonnenen Erkenntnisse nutzte er, um eine Anti-Virensoftware zu programmieren. Diese Software mit dem Namen „VirusScan" befindet sich heute auf Millionen von Rechnern in aller Welt.

Zeitgleich mit der Marktpräsenz von Anti-Virenprogrammen setzte ein Wettrüsten zwischen den Virenjägern und den Entwicklern von Viren ein. Die Virenautoren greifen zu immer raffinierteren Techniken, um die Existenz ihrer „Geschöpfe" vor ihren Jägern zu verschleiern. So existieren heute sogenannte „polymorphe" Computerviren, die bei jeder neuen Infektion eine andere Gestalt annehmen. Andere Viren besitzen sogar elektronische Tarnkappen, die beispielsweise die wahre Dateigröße von infizierten Programmen vor einfachen Anti-Viren-Programmen verstecken können.

Teilweise gehen Viren auch zum Gegenangriff über, wie der „Tremor-Virus" zeigt. Dieser polymorphe Virus, der bis zu fünf Milliarden unterschiedliche „Nachkommen" erzeugen kann, infiziert auf PC-Computern Dateien mit der Endung „.COM" und „.EXE". Der elektronische Störenfried hat zwei Schadensfunktionen. Zum einen gibt er eine Meldung auf den Bildschirm aus, die einem Geschädigten die philosophischen Betrachtungen des Programmierers „Moment of terror is the beginning of life" (Der Moment des Terrors ist der Beginn des Lebens) näher bringen soll.

Die zweite Schadensfunktion zeigt, daß dieser Virus etwas gegen Virenjäger hat, denn er sucht und manipuliert gezielt Dateien, die zum Anti-Virenprogramm „Anti-Virus" von Central-Point gehören, das serienmäßig mit

MS-DOS ausgeliefert wird. Dieser Virenscanner wird durch diesen Angriff teilweise unbrauchbar gemacht.

Wie groß der Schaden ist, der durch Viren verursacht wird, zeigt eine Erhebung der amerikanischen National Computer Security Association (NCSA). In einer Studie über die Verbreitung von Viren, in der in den USA 300 Firmen zum Thema Viren befragt wurden, kam die NCSA zu dem Ergebnis, daß im vergangenen Jahr etwa 1 Milliarde Dollar Schaden durch Viren entstanden ist. Für das laufende Jahr werden noch deutlich höhere Schäden prognostiziert. Der Schaden erstreckte sich dabei von allgemeinen Produktivitätsverlusten über nicht einsetzbare Rechner, dauernde Fehlermeldungen und zerstörte Dateien bis hin zu Datenverlusten und Systemabstürzen (nach: PC-Welt 7/96). Übrigens: In zunehmendem Maße werden Pcs auch über das Internet infiziert.

Abgewandelte Viren werden von professionellen Hackern auch für das unbemerkte Eindringen in fremde Rechner eingesetzt. Diese besonders gefährlichen Virenvarianten können von Virenscannern praktisch nicht entdeckt werden und werden „Trojanische Pferde" genannt, da sie ähnlich wie ihr historisches Vorbild funktionieren.

Trojanische Pferde

Im Gegensatz zu Viren verfügen Trojanische Pferde in der Regel nicht über einen infektiösen Teil. Sie werden meist gezielt plaziert und versehen ihren Dienst, ohne daß sie von einem Anti-Virenprogramm entdeckt werden können. Die Hauptaufgabe von Trojanischen Pferden besteht im Aufspüren und Weitermelden von Sicherheitslücken eines

Computersystems, um einem Hacker das unbefugte Eindringen zu erleichtern. Sehr beliebt ist bei Hackern beispielsweise die Manipulation der LOGIN-Datei („Einbuchungsdatei") bei UNIX-Systemen. Durch die Manipulation des Objektcodes dieses Programms gelangen sie unbermerkt in den Rechner. Noch einfacher ist ein Eindringen und die Positionierung eines Trojanischen Pferdes in einen UNIX-Rechner über die Funktionen „sendmail" und „anonymous ftp" in Verbindung mit dem Befehlen „telnet" oder „rlogin". Als idealer Angriffspunkt auf UNIX-Rechner erweist sich auch die Positionierung eines Trojanischen Pferdes in Form eines elektronischen Wachhundes (siehe BTX/Watchdog) in einem FTP-Server (Verbindungsknoten zwischen Rechnern in einem großen Netzwerk), da dort die Benutzerpaßwörter unverschlüsselt übertragen und somit problemlos abgehört werden können. Im System angekommen, kopieren die Hacker dann die beiden relevanten Paßwortdateien, die sich in den Verzeichnissen „/etc/passwd" und „/etc/group" befinden. Die erste Datei enthält alle dem System bekannten Benutzer und in der zweiten sind alle Gruppenpaßwörter verzeichnet. Bei besonders abgesicherten Systemen existiert in der Regel noch eine dritte Paßwortdatei (/etc/shadow), die den Hackern jedoch auch bekannt ist.

Der Inhalt der Paßwortdatei „/etc/passwd" ist wohl selbsterklärend - sie enthält den Benutzernamen, das Paßwort, die Benutzernummer, einen Benutzergruppeneintrag, das Startverzeichnis des Anwenders und Angaben über ein Programm, das nach dem Anmelden des Benutzers ausgeführt werden soll. Der Eintrag für das Benutzerpaßwort ist beim Neueintrag eines Benutzers zunächst leer. Dieser Umstand ermöglicht es einem Hacker, neue Benutzer ohne Paßwort zu erkennen und deren Zugriffsrechte zu mißbrauchen. Das Paßwort muß vom neuen Benutzer beim erstmaligen Einbuchungsvorgang eingegeben werden.

Dies übernimmt dann der Hacker für ihn. Eine derartige Attacke fällt jedoch dem Systemadministrator schnell auf und kann daher durch ein Löschen des ungewünschten Benutzereintrags gestoppt werden.

Das vom neuen Benutzer eingegebene Paßwort wird vom Betriebssystem mit Hilfe des DES-Verfahrens verschlüsselt und in die Datei „/etc/passwd" eingetragen. Ein Entschlüsseln dieser verschlüsselten Paßworteinträge ist mit einer mathematischen Methode nur mit einem sehr hohem Aufwand möglich. Die Hacker scheuen diesen Aufwand und greifen lieber auf eine wesentlich einfachere Methode zurück, denn sie wissen um die Angewohnheiten ihrer Opfer. Die meisten Anwender halten es für orginell, als Paßwort beispielsweise ausgerechnet den Namen ihrer Frau oder den der Kinder zu wählen. Dies brachte die Hacker auf die Idee, einfach alle gängigen Paßwörter (Namen, Geburtsdaten, Urlaubsorte, beliebte Worte) durch den Verschlüsselungsalgorithmus zu jagen und sich so ein „Wörterbuch" mit den entsprechenden „Übersetzungen" dieser Paßwörter durch den DES-Schlüssel zu erstellen. In über 90 Prozent aller Fälle reicht eine solche „Wörterbuchattacke" (dictionary attack) aus, um sogar das Administratorpaßwort zu knacken.

Der auch bei Hackern vorhandene Hang zur Automatisierung (sprich: ihre Faulheit) führte zu einer besonders gefährlichen Variante von Trojanischen Pferden, die auch Merkmale von Viren enthalten und unter der Bezeichnung „Computerwürmer" bekannt wurden.

Computerwürmer

Computerwürmer sind hochkomplexe Programme, die sowohl die Eigenschaften von Viren als auch die von Trojanischen Pferden in sich vereinigen. Sie verfügen über ein Reproduktionsmodul, das in der Lage ist, sich an die speziellen Sicherheitslücken insbesondere in vernetzten Computersystemen und in UNIX-Netzwerken selbstständig anzupassen. Ein solcher Wurm dringt in ein Netzwerk ein und durchsucht es systematisch nach Schwachpunkten. Sobald ein Schwachpunkt erkannt wurde, wird dieser automatisch direkt an den schon wartenden Hacker weitergemeldet. Ein mit einem Paßwort-Wörterbuch ausgestatteter Wurm entschlüsselt noch im eroberten System automatisch die vergebenen Paßwörter und meldet sie dem Hacker.

Sobald der Computerwurm das Computersystem analysiert hat, versucht er über dessen Netzwerk- und Datenfernübertragungsleitungen in angeschlossene Rechner einzudringen. Wenn er einen benachbarten Rechner findet, nimmt der Wurm auch dort seine illegale Tätigkeit auf und meldet dem Hacker alle sicherheitsrelevanten Daten. Auf diese Weise verbreitet sich ein Computerwurm ähnlich einer nuklearen Kettenreaktion in einer Vielzahl von Rechnern. Noch während der Hacker friedlich schläft, füllt sich seine Festplatte mit den sicherheitsrelevanten Daten der gesamten Netzwerkstruktur, die ihm damit für seine Angriffe hilflos ausgeliefert ist.

ANSI-Bomben

Jeder, der schon mal aus dem Internet oder aus einer Mailbox eine komprimierte Datei bezogen hat, kennt die Meldungen, die beim Entkomprimieren der Dateien angezeigt werden. Diese Meldungen sind zwar schön bunt, jedoch unter Umständen auch äußerst gefährlich.

Die farbige Darstellung von Schrift im DOS-Modus eines PCs wird durch einen Steuerprogramm mit dem Namen „ANSI.SYS" verwaltet.

Dummerweise kann dieses Steuerprogramm noch einiges mehr, als einfach nur bunte Zeichen darzustellen. So ist es über ANSI auch möglich, einer bestimmten Taste des Rechners einige zusätzliche Funktionen unterzumogeln. Die Befehlszeile „<ESC>[13;8;13;13p" bewirkt beispielsweise, daß mit jedem Auslösen der <RETURN>-Taste auch die Taste <Rückschritt> mit ausgeführt wird. Diese harmlose „Scherzbombe" gestaltet lediglich die Tastatureingaben etwas schwierig und verwirrt somit den Benutzer. Wesentlich mehr Sprengkraft besitzt die folgende Befehlszeile:

<ESC>[„a";13;"ECHO DELTREE/Y C:*.* >>
AUTOEXEC.BAT";13;"CLS";13;13p

Diese Befehlskombination schreibt beim Betätigen der Taste „a" eine zusätzliche Befehlszeile in die Startdatei von DOS (AUTOEXEC.BAT). Die neu integrierte Befehlszeile führt dazu, daß beim nächsten Rechnerstart sämtliche Daten und Programme zerstört werden.

Ein Attentäter kann lediglich eine Befehlskette von maximal 128 Zeichen über eine ANSI-Bombe in ein System einschleusen. Daher werden diese elektronischen

Tretminen praktisch nur für einen umfassenden Vernichtungsschlag gegen die Programm- und Dateninhalte eines Rechners eingesetzt.

Jede selbstentpackende Datei und jede Textdatei können eine ANSI-Bombe enthalten. Beliebt sind Textdateien mit dem Namen „README" (lese mich), die häufig über den alten DOS-Befehl „TYPE" gelesen werden. Die meisten Bomben finden sich jedoch in selbstentpackenden Dateien, die beim Entpacken diverse Meldungen anzeigen.

Wie ANSI-Bomben konstruiert werden, ist kein großes Geheimnis. Benötigt werden lediglich etwas negativ positionierte Kreativität und die Informationen, die in jedem DOS-Handbuch stehen. Für diejenigen, die nicht in der Lage sind, ein solches Handbuch zu verstehen, hält das Internet die passenden Informationen bereit: Dort kann man in einschlägig bekannten Informationsforen die Datei „ANSIB20.EXE" beziehen. Es handelt sich hierbei um einen äußerst komfortablen Generator für ANSI-Bomben, den wirklich jeder Laie bedienen kann.

4.

Telefonpiraten

Computerhacker verursachen nicht nur der Software-
industrie, sondern auch den Telefongesellschaften enorme
Schäden. Ein durchschnittlicher Trader ist täglich bis zu
vier Stunden in nationalen und internationalen Bulletin-
Boards aktiv. Um mögliche Telefonrechnungen in Höhe
von mehreren tausend DM pro Monat zu umgehen, bedienen sich Trader der unterschiedlichsten Techniken des
kostenfreien Telefonierens. Computerhacker, die solche
Techniken beherrschen, bezeichnen sich selbst als Phreaker.

Blueboxen

Die wohl bekannteste Phreaker-Technik ist die sogenannte
Bluebox. Um sie zu verstehen, bedarf es zunächst einiger
Erläuterungen zur nationalen und internationalen Vermittlungstechnik am Beispiel eines Telefonats von Deutschland in die USA.

Ein Telefonat wird über mehrere Zwischenstationen
zum Zielpunkt weitergeleitet. Diesen Vorgang nennt man
Routing. Hebt man den Telefonhörer ab, so erhält man von
der Ortsvermittlungsstelle (OVST) ein Amt in Form eines
Wähltons zugewiesen. Die Wahlimpulse werden vom

Telefon über eine zweiadrige Leitung an die OVST übermittelt. Dort wird in Abhängigkeit von der gewünschten Vorwahl der Gebührenzähler aktiviert. Das Gespräch wird nun über eine dreiadrige Leitung von der OVST an die Kreisvermittlungsstelle (KVST) weitergeleitet. Von dort aus gelangt das Telefonat über eine Richtfunkstrecke zur nächsten Hauptvermittlungsstelle (HVST). Eine weitere Richtfunkstrecke übernimmt das Routing von der HVST zur zuständigen Zentralvermittlungsstelle (ZVST). Die ZVST routet das Telefonat via Satellit oder Seekabel in die USA weiter. Von dort aus übernehmen die amerikanischen Vermittlungscomputer die Weiterleitung des Gespräches. Dies geschieht allerdings nach einem anderen technischen Prinzip als in Deutschland.

Während die deutschen Vermittlungscomputer nach dem neueren CCIT7-Standard arbeiten, funktioniert die Gesprächsvermittlung in den USA noch nach dem älteren CCITT5-Standard. Ein wesentlicher Unterschied zwischen beiden Systemen besteht darin, daß der Kunde bei einer Gesprächsvermittlung nach dem CCITT7-Standard nichts mehr von den technischen Abläufen der Gesprächsvermittlung bemerkt, da die Kontrolleitung, die für die Übertragung der Steuersignale verantwortlich ist, nicht bis zum Telefon führt, sondern in der Ortsvermittlungsstelle endet. Beim älteren CCITT5-Standard kann jeder Benutzer eines Telefons die Kontrollsignale der Vermittlungscomputer mithören.

Nahezu das ganze Vermittlungssystem des alten CCITT5-Standards (C5) wird durch Töne gesteuert. In mancher Hinsicht ist die C5-Vermittlungstechnik sehr flexibel und bietet Raum für kundenfreundliche Variationen des Telefonierens. So wird beispielsweise in Amerika neben dem Telefonieren im Selbstwahlverfahren auch eine Vielzahl von operatorgestützten Dienstleistungen angeboten. Ein Mitarbeiter der amerikanischen Telefonauskunft fragt seine Kunden stets, ob er gleich zur gewünschten Rufnummer durchstellen soll, während in Deutschland die technische Innovation nur so weit reicht, eine monotone Computerstimme die Rufnummer vorlesen zu lassen. In Amerika ist es für einen Operator eine Selbstverständlichkeit, für behinderte Personen das Wählen der Rufnummer zu übernehmen und sich im Anschluß daran auch noch dafür zu bedanken, daß der Kunde seine Telefongesellschaft für das Gespräch gewählt hat. Das Ausführen von Weckaufträgen und die Vermittlung von Konferenzschaltungen gehört dort ebenso zu seinem Aufgabengebiet wie die Annahme von Störungsmeldungen.

Jeder Arbeitsplatz eines Operators ist mit einem Terminal ausgestattet, das neben vielfältigen Dienstleistungen auch umfangreiche Diagnoseschritte zur Behebung von Störungen ermöglicht. So kann ein Operator beispielsweise bestehende Gespräche beenden und sich sogar in laufende Gespräche einschalten. Jede Terminaleingabe des Operators wird vom Vermittlungscomputer in eine Reihe von Tonsequenzen übersetzt, die die gewünschte Funktion auslösen.

Jeder Teilnehmer, der an ein C-5 Vermittlungssystem angeschlossen ist, kann diese Tonsequenzen nicht nur hören, sondern auch senden. Die entsprechenden Sequenzen stehen in vielen Mailboxen. Ein Telefonpirat braucht somit lediglich einen Personalcomputer mit einer Soundkarte sowie die richtigen Informationen über Art und Zusammensetzung der vom Vermittlungssystem verwendeten Tonsequenzen, und schon ist er sein eigener Operator und mit allen Möglichkeiten ausgestattet, über die auch sein legaler Kollege verfügt.

In Amerika ist, genau wie in allen anderen Ländern, deren Behörden Bürokratie als eine Art von Religion ansehen, alles genormt und wird in Form von Normblättern jedem Interessierten zugänglich gemacht. Diese Normblätter gehören zu den am meisten ausgeliehenen Dokumenten an den Universitäten, die den Studiengang Informatik anbieten.

Noch bevor sich die Modem-Szene entwickelte, kamen illegal organisierte Telefonkonferenzen in Mode. Studenten machten sich einen Spaß daraus, die Steuerfrequenzen der Telefongesellschaften zu entschlüsseln und versuchten, sich gegenseitig mit immer neuen Varianten der Leitungsmanipulation zu übertreffen. Einer dieser Späße bestand darin, wildfremde Personen oder in Ungnade gefallene Professoren miteinander zu verbinden, wobei jeder dachte, der andere habe ihn angerufen. Die Studenten saßen als lachende Dritte im Hintergrund und ergötzten sich an den aufkeimenden Aggressionen. Die Telefongesellschaften wußten zwar genau über diese Streiche bescheid, ignorierten sie jedoch angesichts der geringen Schäden.

Mit dem Aufkommen der Modemszene potenzierten sich die Bluebox-Aktivitäten in den USA. Es waren nun nicht mehr einzelne Studenten, sondern eine stetig wachsende Zahl von Computerbenutzern, die das Leitungsnetz manipulierten. Besonders die Softwaretrader mit ihren stundenlangen Telefonaten quer durch den ganzen Kontinent machten den Telefongesellschaften zu schaffen. Findige Programmierer entwickelte sogenannte Softwaredialer, die alle zur Leitungsmanipulation benötigten Frequenzen bereits enthalten und so benutzerfreundlich gestaltet sind, daß selbst Neulinge in der Computerszene sie bedienen können.

Die Telefongesellschaften waren nun nicht mehr bereit, die jährlichen Verluste in Höhe von mehreren hundert Millionen Dollar zu tolerieren. Sie suchten daher nach Wegen, um den Leitungsmißbrauch (Fraud-Traffic) einzudämmen. Einer dieser Wege bestand darin, in regelmäßigen Abständen die Tonsequenzen zur Steuerung der Vermittlungsabläufe zu verändern. Mit vereinten Kräften gelang es der Modemszene jedoch stets sehr schnell, die neuen Steuersequenzen zu ermitteln. Innerhalb weniger Stunden verbreiteten sich die neuen Frequenzen über die ganze Mailboxszene, und mit leicht modifizierten Werten funktionierten auch die Softwaredialer wieder. Auf diese Weise wurde der Grundstein für ein Kräftemessen zwischen den Telefongesellschaften und der Modemszene gelegt, das auch heute noch nicht entschieden ist.

Wesentlich mehr Respekt haben amerikanische Telefonpiraten vor Fangschaltungen. Diese im Fachjargon als Tracing bezeichnete Technik ermöglicht es den Telefongesellschaften, den Ausgangsort einer Leitungsmanipulation genau festzustellen. Noch während der Trader seine Raubkopien über die Telefonleitung bewegt, erhält er Besuch vom FBI, und seinem illegalen Treiben wird ein unerwartetes Ende gesetzt. Das nachfolgende Gerichtsverfahren und die imensen Schadenersatzforderungen der Softwarehersteller, die rigoros durchgesetzt werden, haben in der Regel katastrophale Folgen für den weiteren Lebensweg des meist noch sehr jungen Straftäters.

Mit der Einführung des Service 0130 der Deutschen Telekom gelangte die Bluebox auch nach Deutschland. Bei diesem besonders von multinationalen Firmen genutzten Service übernimmt der Angerufene die gesamten Gesprächskosten, dem Anrufer entstehen keine Gebühren. Ein Großteil der Rufnummern des Service 0130 führt in andere Länder mit C5-Vermittlungssystem wie Kanada, Australien, Chile und die meisten asiatischen Länder. Das größte internationale Leitungskontingent des Service 0130 führt allerdings nach Amerika.

In Deutschland besteht der erste Schritt zum illegalen Telefonieren mittels Bluebox in der Analyse der 0130-Rufnummern, denn zunächst müssen die Nummern herausgefiltert werden, die in blueboxfähige Länder mit dem C5-Vermittlungssystem führen. Zu diesem Zweck wird in der Computerszene ein sogenannter Rufnummern-Scanner eingesetzt. Hierbei handelt es sich um eine Software, die mit Hilfe eines Modems einfach alle 0130-Rufnummern durchtelefoniert. Sobald die Software bei ihren Anwahlversuchen auf ein Faxgerät stößt, fragt sie die Absenderkennung des gegnerischen Gerätes ab, in der auch die Länderkennung enthalten ist. Auf diese Weise kann ein Nummernscanner innerhalb einer Nacht mehrere tausend Rufnummern abarbeiten und eine Liste der geeigneten Nummern erstellen.

Im zweiten Schritt gilt es, die beiden wichtigsten Steuersequenzen zu entschlüsseln, die als Break und Size bezeichnet werden. Diese beiden Töne sind es, die eine bestehende Leitung auf der Seite des C5-Vermittlungssystems zusammenbrechen lassen und eine Neu- bzw. Weiterwahl ermöglichen. Da so dem Vermittlungsrechner ein Auflegen nur simuliert wird, ist es auf diese Weise möglich, auf Kosten der Telefongesellschaft zu telefonieren.

Bevor sich das Blueboxen in Amerika zum Volkssport entwickelte, verfügten die drei großen Telefongesellschaften AT&T, MCI und Sprint über einheitliche Steuerfrequenzen. Mit Frequenzen von 2.600 Hz und 2.400 Hz war es möglich, die Gespräche zu unterbrechen. Heute werden von den Telefongesellschaften nicht nur die Frequenzen, sondern die Länge der Tonsignale ständig verändert. Daher müssen sich auch die deutschen Telefonpiraten am ständigen Wettlauf um die Entschlüsselung der jeweils neuesten Frequenzen beteiligen. Als Hilfsmittel stehen ihnen dabei Frequenzscanner zur Verfügung, die automatisch nach dem richtigen Einstieg in den amerikanischen Vermittlungscomputer suchen. Das bekannteste und weltweit beliebteste Produkt für diese Aufgabe ist eine Software mit dem Namen TLO, die sowohl als Dialer wie auch als Frequenzscanner eingesetzt wird und aus der Feder eines Hackers aus Hannover stammt.

Der Einstieg in die amerikanischen Telefoncomputer mittels der richtigen Break- und Sizefrequenzen ermöglicht den Phreakern lediglich ein Telefonat auf nationaler Ebene. Um von Amerika aus auch international telefonieren zu können, bedarf es besonderer Steuerfrequenzen, die Routingcodes genannt werden. Sobald ein Phreaker im Besitz dieser Codes ist, kann er ein Gespräch, das über eine für den Anrufer kostenfreie 0130-Nummer nach Amerika führt, unterbrechen und an jeden Ort der Welt umleiten.

Ein Routingcode ist eine Steuersequenz der zweiten Ebene mit mehr als nur einer Funktion. Mit einem Routingcode wird beispielsweise jeder Spanienurlauber konfrontiert, wenn er für ein Auslandsgespräch erst die „07" vorwählt. Er erhält dann ein verändertes Freizeichen und kann weiterwählen. Ein Operator zeigt mit dem Routingcode dem Vermittlungscomputer nicht nur an, daß es sich um ein Auslandsferngespräch handelt, sondern er legt mit ihm auch fest, welchen Weg das Gespräch nehmen soll. Als mögliche Varianten stehen dem Operator Verbindungswege über Seekabel, Seefunk und Satellit zur Verfügung. Wegen der besseren Qualität der Datenübertragung wählen Telefonpiraten meistens Satellitenverbindungen für ihre Gespräche aus.

Wenn ein deutscher Softwaretrader beispielsweise Kontakt zu einem Bulletin-Board in England aufnimmt, wählt er zunächst eine 0130-Rufnummer, die ihn nach Amerika führt. Dort unterbricht er die Leitung mit dem Breaksignal und übermittelt dem Vermittlungsrechner den Routingcode für England, gefolgt von der Rufnummer des gewünschten Bulletin-Boards. Den Verbindungsweg nach Amerika zahlt der Inhaber der 0130-Rufnummer, das Gespräch von Amerika nach England geht zu Lasten der amerikanischen Telefongesellschaft. Besonders hemmungslose Phreaker lassen sich sogar innerdeutsche Ferngespräche über ihre Bluebox schalten, wobei jeweils zwei Satellitenleitungen belegt werden und somit enorme Kosten für die Telefongesellschaft und den Inhaber der Servicenummer entstehen. Auch die Routingcodes werden von den Telefongesellschaften ständig verändert und müssen daher von den Phreakern ständig neu entschlüsselt werden.

Im Gegensatz zu den amerikanischen Telefonpiraten brauchen sich deutsche Phreaker keine Sorgen wegen einer möglichen Entdeckung durch eine Fangschaltung zu machen, denn es ist für die amerikanischen Telefongesellschaften zwar möglich, den Leitungsmißbrauch festzustellen, jedoch bedarf es für die länderübergreifende Fangschaltung einer richterlichen Genehmigung. Der bürokratische Aufwand zur Erlangung einer solchen Genehmigung übersteigt jedoch die Dauer eines Telefonats bei weitem.

Auch der deutschen Telekom sind die Sicherheitslücken der Vermittlungscomputer in Amerika bekannt. Bei der Telekom sah man wohl jedoch wenig Handlungsbedarf, da auf deutscher Seite keine Kosten, sondern im Gegenteil sogar enorme Gewinne durch die Phreaker entstanden. Da wohl auch bei der Telekom das Bewußtsein für Recht und Gerechtigkeit durch das Streben nach möglichst positiven Bilanzen beeinträchtigt wird, konnten deutsche Phreaker jahrelang ungestört amerikanische Vermittlungscomputer manipulieren.

Erst als die amerikanischen Telefongesellschaften mit Nachdruck Maßnahmen zur Reduzierung des Leitungsmißbrauches forderten und mit finanziellen Konsequenzen drohten, entschloß sich die deutsche Telekom zum Handeln. Stufenweise wurden die nach Amerika führenden Leitungsbündel des Service 0130 in den Fernvermittlungsstellen mit Frequenzfiltern ausgestattet, die den für das Breaksignal relevanten Frequenzbereich abschirmten. Pünktlich zu Weihnachten 1993 präsentierte die Telekom den deutschen Phreakern die erste Blueboxblockade und löste damit bei den Hackern eine verzweifelte Suche nach neuen Wegen der Leitungsmanipulation aus.

Mit vereinten Kräften gelang es der Hackerszene innerhalb von nur einer Woche, die Frequenzfilter zu umgehen, denn die Telekomtechniker hatten ihre Aufgabenstellung viel zu genau gelöst. Die Frequenzfilter schirmten zwar exakt die Breakfrequenz ab, berücksichtigten aber nicht die Reaktionstoleranz der C5-Vermittlungscomputer. Es genügte den Phreakern, die Breakfrequenz um 50 Hz zu verändern, wodurch die Filter umgangen wurden und die Signale trotzdem bei den sehr toleranten C5-Vermittlungscomputern Wirkung zeigten. Diese ebenso simple wie auch effektive Lösung führte in Hackerkreisen zu Spott und Hohn und bei den Telefongesellschaften zu langen Gesichtern.

Die Telekomtechniker benötigten mehrere Monate, um das Problem zu erkennen. Erst im März 1994 wurden in den Fernvermittlungsstellen die Frequenzfilter gegen neue Geräte ausgetauscht, die einen breiteren Frequenzbereich abschirmen. Auch bei den neuen Frequenzfiltern gab es jedoch eine Sicherheitslücke, die den Hackern nicht lange verborgen blieb. Zwar schirmten diese Filter den sensiblen Frequenzbereich von 2.500 Hz bis 2.800 Hz leidlich gut ab und blockierten somit das Absenden eines Breaksignals, jedoch ließen sie den bei 2.400 Hz liegenden Sizeimpuls weiterhin passieren.

Diese offene Hintertür genügte den Phreakern, um sich wieder in die amerikanischen Vermittlungscomputer zu mogeln. Wenn von einem amerikanischen Gesprächsteilnehmer der Hörer aufgelegt wurde, dauerte es einige Sekunden, bis dies die Fernvermittlungsstelle auf deutscher Seite bemerkte und einen Besetztton lieferte. In diesem kurzen Zeitraum reichte auch ein Sizeton aus, um die Leitung zu unterbrechen und eine Weiterwahl zu ermöglichen. Auch diese Runde ging an die Hacker, aber die Telekom reagierte zügig und verkürzte die Trägheit ihrer Relais.

Die Hacker mußten sich nun wieder auf die Frequenzfilter konzentrieren und fanden erneut eine Sicherheitslücke. Die neuen Filter lassen sich durch Flatterfrequenzen überlisten, die allerdings sehr genau positioniert werden müssen. Die Techniker der Telekom verzichteten auf ein erneutes Auswechseln der Frequenzfilter und suchten nach einem neuen Weg der Blueboxblockade.

Die neue Strategie der Telekomtechniker bestand darin, daß sie die C5-Steuerleitungen von den Gesprächsleitungen abkoppelten. Dies hatte zur Folge, daß deutsche Phreaker die Steuertöne der amerikanischen Vermittlungsrechner nicht mehr hören können und nunmehr quasi im Blindflug ihre Blueboxfrequenzen positionieren müssen.

Trotz des hohen technischen Aufwands, den die Telekom zur Unterbindung der Leitungsmanipulationen am C5-Vermittlungssystem betreibt, ist es ihr bisher nicht gelungen, das Blueboxen unmöglich zu machen. Selbst die mittlerweile sehr gut abgesicherten Leitungen nach Amerika, Kanada und Australien sind auch heute noch angreifbar. Besonders einfach ist immer noch das Manipulieren von C5-Vermittlungsrechnern in den meisten südamerikanischen und asiatischen Ländern.

Die Leitungsmanipulationen an C5-Vermittlungssystemen sind mittlerweile zu einem globalen Problem geworden, dem besonders Länder mit rückständiger Technik hilflos ausgeliefert sind. Besonders heikel stellt sich diese Situation den indischen Telefongesellschaften dar, die sich gezwungen sahen, zeitweise nahezu alle ins Ausland führenden Telefonleitungen zu kappen. Nur noch ausgewählte Firmen und Behörden verfügten in Indien über die Möglichkeit, ins Ausland zu telefonieren. Besonders hart werden Telefonpiraten in China bestraft, wo neben langjährigen Gefängnisstrafen in schweren Fällen auch schon mal die Todesstrafe verhängt wird.

Callingcards

Das Stören der illegalen Kommunikationswege führte in der Modemszene nur sehr kurzfristig zu Einschränkungen in der Verbreitung von Raubkopien. Die Telefongesellschaften lösten vielmehr in der Hackerszene eine fieberhafte Suche nach Alternativwegen des kostenfreien Telefonierens aus. Auch heute noch sind es die amerikanischen Telefongesellschaften und ihre Kunden, die den Hauptteil der Schäden zu tragen haben, die durch international tätige Telefonpiraten verursacht werden. Ein großer Teil dieser Schäden entsteht durch den Mißbrauch von Calling-Cards, einer Art Kreditkarte für Telefonate, die von den amerikanischen Telefongesellschaften international vertrieben werden.

Neben den Personalkosten stellen besonders bei international tätigen Firmen die Kosten für die Kommunikationswege einen wesentlichen Kostenfaktor dar. Aus der Reduzierung besonders der internationalen Gesprächskosten ergibt sich daher ein interessanter Optimierungsansatz. Im Gegensatz zur Monopolstellung der deutschen Telekom ist der amerikanische Telekommunikationsmarkt so strukturiert, daß es mehrere Anbieter gibt, und daher ist es nicht verwunderlich, daß ein Gespräch von Amerika nach Deutschland wesentlich günstiger ist als umgekehrt. Neben der Möglichkeit, kostengünstige Auslandstelefonate zu führen, bietet eine Callingcard auch den Vorteil, daß der Inhaber jederzeit bargeldlos telefonieren kann. Daher nutzen mittlerweile auch viele deutsche Firmen und Privatpersonen den Callingcard-Service, der von den drei großen amerikanischen Telefongesellschaften AT&T, MCI und Sprint angeboten wird.

Die Handhabung einer Calling-Card ist denkbar einfach. Ein deutscher Besitzer einer solchen Karte von AT&T braucht beispielsweise nur die gebührenfreie Rufnummer 0130-0010 zu wählen, und schon ist er mit einem AT&T-Operator verbunden, der ihn nach der gewünschten Rufnummer, der Nummer der Callingcard und der Geheimnummer befragt. Nachdem der Operator die Daten überprüft hat, stellt er die Verbindung her.

Ein zweiter Weg des Telefonierens über eine solche Karte besteht in der Benutzung sogenannter Dialups. Hierbei handelt es sich ebenfalls um eine gebührenfreie 0130-Rufnummer, die den Anrufer allerdings mit einem vollautomatischen Operator verbindet. Der Anrufer gibt mit Hilfe eines digitalen Telefons oder mit einem Abfragegerät für Anrufbeantworter die gewünschte Rufnummer, die Callingcardnummer sowie einen Geheimcode ein und wird automatisch verbunden. Sofern der Kunde wiederholt die falsche Geheimnummer eingibt, wird er automatisch mit einem Operatorplatz verbunden.

Die Gesprächskosten einer Callingcard werden meist über die Kreditkarte des Anrufers abgerechnet. Mit der Kreditkartenabrechnung erhält der Besitzer auch eine detaillierte Aufstellung der geführten Telefonate. Bei der Zustellung der Kreditkartenabrechnung erlebten allerdings so manche Besitzer einer Callingcard eine böse Überraschung, denn Telefonpiraten hatten verschiedene Sicherheitslücken zum kostenfreien Telefonieren ausgenutzt.

Die simpelste Technik, die Phreaker zum Telefonieren über Callingcard nutzen, wird von ihnen Social Engineering genannt. Hinter diesem hochtrabenden Begriff steht ein denkbar einfacher Vorgang. Die Phreaker rufen bei Privatpersonen an, geben sich als Sicherheitsbeauftragter einer Telefongesellschaft aus und fragen nach der Geheimnummer. Hilfreich ist bei dieser Variante, daß die Nummer der Callingcard logisch aufgebaut ist und in weiten Teilen mit der Telefonnummer des Besitzers identisch ist. Besonders dreiste Phreaker drohten den Besitzern sogar mit der Sperrung ihrer Karte, wenn sie die gewünschten Auskünfte verweigerten. Es ist verblüffend, welche Informationen Privatpersonen preisgeben, wenn man sich ihnen gegenüber nur selbstsicher genug verhält. Die Telefongesellschaften waren nicht minder verblüfft, als sie mit der Höhe der auf diesem Weg verursachten Schäden konfrontiert wurden. Erst eine umfangreiche Aufklärungskampagne, die von den drei großen amerikanischen Telefongesellschaften AT&T, MCI und Sprint Express gemeinsam mit dem FBI initiiert wurde, konnte die Trefferquote der Hacker von 65 Prozent auf 25 Prozent senken. Trotz des scheinbar guten Ergebnisses, das die Aufklärungskampagne brachte, sind immer noch ein Viertel der amerikanischen Telefonkunden naiv genug, auf Anfrage ihre Daten zu nennen.

In Amerika haben Kreditkarten einen Grad der Verbreitung erreicht, der dazu geführt hat, daß heute ein großer Prozentsatz der dortigen Bevölkerung ganz auf das Mitführen von Bargeld verzichtet. Daran partizipieren auch die Telefongesellschaften, denn viele ihrer Kunden empfinden das Hantieren mit Bargeld bei der Benutzung einer Telefonzelle als lästig und greifen lieber zu ihrer Callingcard. Von dieser Bequemlichkeit profitieren allerdings auch die Phreaker, die darauf eine zweite Version des Social Engineering aufgebaut haben.

Auch in diesem Fall kommt den Tätern eine Sicherheitslücke zugute. Aus Kostengründen stellen die amerikanischen Telefongesellschaften überwiegend überdachte Telefone anstelle von Telefonzellen auf. Dieser Umstand macht es einem Phreaker sehr leicht, den Telefonkunden zu belauschen, während dieser dem Operator seine Kartendaten mitteilt. Oftmals plazieren Telefonpiraten auch kleine Kassettenrecorder oder Diktiergeräte in der Nähe der Telefonkabine und verstecken ein kleines Kondensatormikrofon an einer zum Abhören geeigneten Stelle. Auch der Einsatz von hochempfindlichen Richtmikrofonen ist bei ihnen sehr beliebt, da die Überdachung der Telefone Schallwellen sehr gut reflektiert.

Sobald ein Kunde jedoch statt des Operatorservices einen automatischen Dialup benutzt und seine Daten über die Tastatur des Telefons oder über ein Abfragegerät für Anrufbeantworter als DTMF-Tonsignale eingibt, versagt auch das empfindlichste Richtmikrofon. Um auch in den Besitz dieser Daten zu kommen, bauen Phreaker in die Telefonhörer kleine Sender ein, die im UKW- Bereich arbeiten und mit jedem Radio abgehört werden können. Solche Abhörgeräte sind auch in Deutschland in jedem Elektronikgeschäft erhältlich und kosten weniger als 50,- DM.

Für deutsche Hacker sind die beschriebenen Methoden des Social Engineering nicht durchführbar, aber auch für die hiesigen Telefonpiraten halten die amerikanischen Telefongesellschaften die passenden Sicherheitslücken parat. So nutzten deutsche Hacker beispielsweise die Trägkeit der Fernvermittlungsrelais nicht nur für das Überbrücken der Blueboxsperre, sondern auch zum Ausspähen von Callingcards aus.

Über eine gebührenfreie Rufnummer des Service 0130 wählten sie zu diesem Zweck einen Operator der amerikanischen Telefongesellschaft Sprint Express an und nötigten ihn mit derben Beleidigungen zum Auflegen. Obwohl das Gespräch durch den Operator einseitig beendet wurde, befanden sich die Hacker noch so lange in der Leitung, bis das Relais der Fernvermittlungsstelle das Auflegen registriert hatte. Diese Relais waren jedoch so träge eingestellt, daß sie oftmals erst nach über einer Minute schalteten. In dieser Zeit war es den Hackern möglich mitzuhören, wie derselbe Operator den Anruf des nächsten Kunden bearbeitete. Auf diese Weise konnten die Täter die Kundendaten problemlos mitschreiben oder auf Band aufnehmen.

Nachdem sich bei Sprint Express sowohl die Beleidigungen der Operator wie auch die mißbräuchliche Benutzung der Kundendaten häuften, wurde man auf das Problem aufmerksam. Heute laufen daher die Stimme des Operators und die des Anrufers über getrennte Leitungen, was das Mithören unmöglich macht. Außerdem wird die Stimme des Anrufers von einem sogenannten „rosa Rauschen" überlagert, einem Verfahren, bei dem die Stimme durch elektronische Störsignale unkenntlich gemacht wird. Zeitgleich wurde auch die Trägheit der Relais reduziert, die heute schon nach wenigen Sekunden schalten.

Eine weitere, auch in Deutschland funktionierende Methode des Ausspähens von Callingcarddaten besteht in der Benutzung der automatischen Dialups, die ebenfalls über eine gebührenfreie 0130-Rufnummer angewählt werden können. Mit einem einfachen mathematischen Trick ist es möglich, aus einer amerikanischen Telefonnummer die entsprechende Nummer der für diesen Anschluß ausgegebenen Callingcard abzuleiten. Die benötigten amerikanischen Telefonbücher sind für wenig Geld auf Daten-CDs erhältlich. Somit fehlt einem Phreaker lediglich die vierstellige Geheimnummer, um die entsprechende Karte mißbräuchlich nutzen zu können. Auf den ersten Blick scheint die Geheimnummer genügend Schutz vor einem Mißbrauch zu bieten, da 9.999 verschiedene Kombinationen möglich sind. Trotzdem gibt es einen einfachen Weg, diesen Code zu entschlüsseln. Bei der Benutzung eines Dialups verlangt der Vermittlungscomputer zunächst die Eingabe der Zielrufnummer, gefolgt von der Nummer der

Callingcard und der Geheimnummer. Bei einer fehlerhaften Eingabe bittet der Rechner um eine erneute Eingabe der Daten. Erst nach dem dritten Versuch verbindet der Vermittlungsrechner den Kunden automatisch mit einem Operator.

Die Zahl der falschen Eingaben wird nicht gespeichert, eine Sperrung der Karte erfolgt nicht. Daher ist es möglich, eine Vielzahl von Codes auszuprobieren und nach jeweils zwei vergeblichen Versuchen die Verbindung zum Vermittlungsrechner neu aufzubauen, um nicht an einen Operatorplatz verbunden zu werden.

Da diese von den Phreakern als Scannen bezeichnete Tätigkeit sehr arbeitsintensiv ist, übernimmt das Austesten der Geheimnummer in der Regel der Computer. Jedes handelsübliche Modem ist in der Lage, die vom Vermittlungscomputer geforderten DTMF-Töne zu senden und kann außerdem erkennen, ob eine Verbindung erfolgreich aufgebaut wurde. Das Schreiben eines Programms zum Scannen von Callingcards erfordert nur geringe Kenntnisse einer einfachen Programmiersprache. Während der Hacker also den Schlaf des vermeintlich gerechten schläft späht der Computer die Daten aus, die er für die illegalen Aktivitäten des nächsten Tagwerkes benötigt. Der morgendliche Blick in die Datei mit den gehackten Daten läßt ihn den „Arbeitstag" dann mit einer positiven Stimmung beginnen.

Die Ausbeute beträgt bei dieser Technik in Gegenden mit der langsameren analogen Vermittlungstechnik etwa eine Karte pro Nacht, Phreaker, die digital wählen können, schaffen mit dieser Methode bis zu drei Karten pro Nacht. Im statistischen Durchschnitt genügen bei einem vierstelligen Code 5.000 Anwahlversuche, um die Geheimzahl zu entschlüsseln. Dies bedeutet, daß der Computer durchschnittlich 2.500mal den automatischen Dialup anwählen muß, um zu einem Ergebnis zu kommen. Daher ist es für

72

die Produktivität entscheidend, wie schnell das Modem des Täters die Verbindung zur gebührenfreien Rufnummer des Dialupsystems aufbauen kann. Da nicht alle Kunden der Telefongesellschaften automatisch eine Callingcard bekommen, kommt es auch vor, daß ein Scanversuch nicht erfolgreich ist. Aber die Trefferquote liegt dennoch sehr hoch, da über 80 Prozent der amerikanischen Telefonkunden über eine solche Karte verfügen.

Die als Social Engineering bezeichneten Techniken des Belauschens von Kartenbenutzern und das umständliche Scannen der Geheimnummern wird von den wirklich kompetenten Hackern belächelt, denn ihnen stehen wesentlich effektivere Tricks zur Verfügung, die auch in Deutschland funktionieren. Da Computer wesentlich schneller rechnen als telefonieren können, konzentrierten sich die Hacker zunächst einmal auf den logischen Aufbau der Callingcards und stellten dabei belustigt fest, daß die Geheimnummer der Karten errechnet wird. Der dabei verwendete Code war sehr einfach zu entschlüsseln. Diese Nachlässigkeit mußten die Telefongesellschaften in den Folgemonaten teuer bezahlen, da die Hacker sofort Callingcard-Generatoren programmierten, die nach der Eingabe einer beliebigen Callingcardnummer die zugehörige Geheimnummer automatisch errechneten. Diese Generatoren verbreiteten sich innerhalb weniger Tage in der gesamten BBS-Szene und die Telefongesellschaften verzeichneten einen sehr ungewöhnlichen Anstieg der über Callingcard abgewickelten internationalen Gespräche. Besonders die deutschen Phreaker freuten sich über diese neue Möglichkeit des kostenfreien Telefonierens, da sie zeitgleich von der Telekom durch den Einbau von Frequenzfiltern in ihren Blueboxaktivitäten gestört wurden.

Durch die Verbreitung der Generatoren bei den Hackern brach eine wahre Flut von Gebührenprotesten über die Telefongesellschaften herein, was zur Folge hatte, daß der Schlüssel zur Errechnung der Geheimzahl verändert wurde und alle Kartenbesitzer eine neue Geheimzahl erhielten. Die Besitzer der Karten bemerkten den entstandenen Schaden jedoch erst sehr spät, da die Gebühren in der Regel über eine Kreditkarte des Besitzers abgerechnet und die Kreditkartenabrechnungen normalerweise monatlich zugestellt werden. Tröstlich für die Geschädigten war es jedoch, daß sowohl die amerikanischen Telefongesellschaften als auch die Kreditkarteninstitute Gebührenproteste wesentlich kulanter behandeln als beispielsweise die deutsche Telekom. Trotzdem war der zeitliche Aufwand bis zur endgültigen Rückbuchung enorm, insbesondere da es sich oftmals um sehr hohe Erstattungsbeträge handelte.

Das neue Verschlüsselungssystem der Geheimzahl ist der breiten Masse in der Mailboxszene zwar noch nicht bekannt, aber das Ableiten der Geheimzahl aus der Kartennummer stellt dennoch eine enorme Sicherheitslücke dar, die sicherlich in Zukunft nochmals ihren Tribut einfordern wird. Eine individuelle Vergabe der Geheimzahl ist sicherlich sinnvoller, jedoch aus technischen Gründen für die Telefongesellschaften derzeit nicht durchführbar, da jeder Operatorplatz über sämtliche Geheimzahlen aller ausgegebenen Callingcards verfügen müßte. Nicht nur der benötigte Speicherplatz, sondern auch der erforderliche schnelle Zugriff auf die enorme Datenmenge lassen eine individuell vergebene Geheimzahl unter praktischen Gesichtspunkten derzeit nicht zu.

Um den Kartenbesitzern trotzdem einen besseren Schutz vor einer mißbräuchlichen Nutzung bieten zu können, führten die Telefongesellschaften eine Reihe von Schutzmaßnahmen ein. Zunächst wurde das Kreditvolumen der Callingcards limitiert. Sobald ein Anrufer das Kreditlimit der Karte überschreitet, wird er automatisch an einen Operatorplatz verbunden. Der Operator läßt sich die Rechtmäßigkeit der Umsätze durch den Kunden bestätigen und gibt die Karte wieder frei oder führt im Fall einer mißbräuchlichen Nutzung eine Totalsperrung der Karte durch. Auf diese Weise wird wenigstens die mögliche Schadenshöhe begrenzt.

Des weiteren werden die Protokolle der betrügerisch genutzten Karten ausgewertet und so die illegal angerufenen Nummern ermittelt. Die Besitzer der Rufnummern erhalten dann eine Vorladung durch das FBI und werden nach der Identität des Anrufers gefragt. Außerdem werden die so ermittelten Rufnummern in einer „Schwarzen Liste" verzeichnet, und sobald eine registrierte Rufnummer über eine Callingcard angerufen wird, erfolgt eine automatische Sperrung der betreffenden Karte. Erst wenn der Kartenbesitzer das Gespräch bestätigt, erfolgt die Freischaltung der Karte. Die schwarze Liste beeindruckt die Betreiber von illegalen Bulletin Boards jedoch nicht sonderlich, da sie in regelmäßigen Abständen ihre Rufnummern ändern.

Entschlüsselte Callingcards wurden oftmals in der Szene weitergegeben, so daß mehrere Softwaretrader gleichzeitig zu Lasten eines Kartenbesitzers telefonierten. Daher erfolgt heute die sofortige Sperrung einer Karte, wenn gleichzeitig mehr als ein Gespräch über sie geführt wird. Eine weitere Schutzmaßnahme besteht darin, einzelne Vorwahlbereich für den Callingcardbetrieb zu sperren. So ist es beispielsweise nicht mehr möglich, über einen 0130-Dialup eine Rufnummer in Deutschland anzuwählen. Dies würde für einen legalen Benutzer auch keinen Sinn ergeben, da er statt des normalen Ferngespräches für eine Auslandsverbindung bezahlen müßte.

Vermittlungscomputer

Nachdem die Sicherheitslücke bei der Verschlüsselung der Geheimzahl geschlossen wurde, konzentrierten sich die Aktivitäten der professionellen Hacker auf den neuralgischsten Punkt der Vermittlungssysteme, die Hauptrechner der Telefongesellschaften. Fündig wurden sie dabei ausgerechnet bei dem weltweit größten Anbieter für Telekommunikation, der Firma AT&T.

Das gesamte Vermittlungssystem von AT&T basiert auf einer Vernetzung von UNIX-Rechnern unterschiedlichster Größe. Angefangen von der Verwaltung bis hin zum Operator sind alle wichtigen Funktionen im AT&T-System '75 zusammengefaßt. Das System ist in eine Vielzahl von Benutzerebenen unterteilt, auf die der jeweilige Benutzer mit einem entsprechenden Berechtigungsschlüssel zugreifen kann. So hat ein Operator unter anderem die Möglichkeit, Callingcards zu verifizieren, Gespräche zu schalten, öffentliche Fernsprecher zu steuern und verschiedene Schritte der Leitungsdiagnose einzuleiten. Ein Verwaltungsangestellter kann in Abhängigkeit von seinem Berechtigungsschlüssel beispielsweise Leitungen freischalten, Sperraufträge erteilen und auf die Erstellung von Rechnungen einwirken. Außerdem können über das Netzwerk hausinterne und filialübergreifende Mitteilungen verschickt werden.

Ein derart komplexes Netzwerk bietet Hackern naturgemäß eine Vielzahl von Angriffspunkten, denn je größer ein Netzwerk ist, desto einfacher ist es, sich unbemerkt einen unberechtigten Zugang zu verschaffen. Als mögliche Zugangspunkte eignen sich beispielsweise die vielen Wartungsports der Rechner. Dabei handelt es sich um Modemleitungen, die von den Wartungstechnikern der

Computerhersteller zur Fehlerdiagnose benötigt werden. Natürlich sind diese Modemleitungen durch ein Paßwort geschützt, das für einen erfahrenen Hacker jedoch kein Hindernis darstellt. Ein Programm zum Austesten von Paßwörtern ist schnell geschrieben. Ein unbedacht gewähltes Paßwort kann durch einen Computer innerhalb von wenigen Stunden entschlüsselt werden.

Ein kluger Netzwerkadministrator wird daher stets ein Überwachungsprogramm mitlaufen lassen, das die Anwahlversuche eines Hackers protokolliert. Aber auch damit rechnen geschickte Hacker, deren erste Handlung nach dem Eindringen in das System in der Regel das Auffinden und Löschen solcher Protokolldateien ist. Außerdem wird ein Hacker nach der Datei suchen, in der alle Zugangspaßwörter gespeichert sind und diese dann auf seinen eigenen Rechner kopieren. Danach versucht er meist, sich einen eigenen Zugang nebst einem Paßwort zu schaffen, das dem Netzwerkadministrator nicht bekannt ist. Nun kann er den Rechner unbesorgt verlassen. Selbst, wenn der Administrator den Einbruch bemerkt, wird er normalerweise nur das System auf Manipulationen überprüfen und sein eigenes Paßwort verändern. Dies stört einen Hacker jedoch nicht sonderlich, da er nach dem Entschlüsseln der kopierten Datei über sämtliche Paßwörter und Berechtigungsschlüssel des Systems verfügt. Selbst wenn alle Paßwörter geändert wurden, hat er noch den selbst gelegten Zugang als Reserve. Diese Reserve benötigt ein Hacker jedoch selten, da den meisten Netzwerkadministratoren der Arbeitsaufwand einer umfassenden Änderung zu hoch ist. Außerdem gehört es besonders in großen Firmen zum natürlichen Verhalten von vielen Angestellten, etwaige eigene Fehler nach Möglichkeit zu vertuschen.

Der zweite Schritt eines professionellen Hackers besteht darin, daß er sich mit den entschlüsselten Paßwörtern

Zugang zum System verschafft und die Möglichkeiten der Berechtigungsschlüssel analysiert. Dann wird er die Handhabung der installierten Programme erlernen. Erst wenn er mit den Möglichkeiten des Systems genau vertraut ist, wird er eine Manipulation wagen.

Nach diesem Schema tasteten sich auch einige Hacker bis in den Hauptrechner von AT&T vor. Nachdem sie den Umgang mit dem System '75 erlernt hatten, standen ihnen ungeahnte Möglichkeiten offen. So waren sie beispielsweise in der Lage, neben der internen Hauspost auch die als vertraulich eingestuften Mitteilungen der AT&T-Sicherheitsabteilung zu lesen. Auf diese Weise waren sie stets aus erster Hand über die geplanten Maßnahmen zur Hackerabwehr informiert und somit den Verantwortlichen immer um eine Nasenlänge voraus. In einigen Fällen waren der Hackerszene sogar blueboxrelevante Frequenzveränderungen noch vor Inkrafttreten der Maßnahme bekannt.

Auch das Scannen von Geheimnummern bestehender Callingcards kann über den Zentralrechner von AT&T wesentlich effektiver betrieben werden als über die Benutzung von Dialups, denn bei einer direkten Benutzung der Operatorsoftware entfällt die zeitraubende Neuanwahl des Dialups. Dadurch steigt die nächtliche Ausbeute eines Hackers von drei auf über 50 Geheimnummern.

Über das AT&T-System '75 ist es auch möglich, gesperrte Karten wieder zu reaktivieren und das Kreditlimit zu verändern. Auch Rechnungen von Kartenbesitzern können auf diesem Weg manipuliert werden. Diese Möglichkeiten werden von den Hackern jedoch kaum genutzt, da es ihnen vorwiegend darauf ankommt, neue Wege des kostenfreien Telefonierens zu erschließen. Wie gut sich auch deutsche Hacker im Hauptrechner von AT&T auskennen, zeigte ein Phreaker aus Mannheim. Er schaffte es, eine nicht benutzte 0130-Rufnummer auf ein amerikanisches Bulletin Board zu schalten. Dies war ihm möglich,

weil AT&T immer ein gewisses Kontingent an gebührenfreien Rufnummern aus Deutschland in Reserve hat. Somit
brauchten die deutschen „Kunden" des amerikanischen
Bulletinboards nicht einmal eine Callingcard oder ihre
Bluebox zu bemühen, um Zugang zum illegalen System zu
erhalten. Es reichte einfach die Anwahl der 0130-Ruf-
nummer aus.

Virgincards oder: Jungfrauen bevorzugt

Der wirklich große Coup gelang jedoch einem Hacker aus
Marseille mit dem Namen Maximilian. Bei seinen Exkur-
sionen im Hauptrechner von AT&T stieß er auf eine riesige Datei mit Callingcarddaten. Das Besondere dabei war,
daß es sich um noch nicht ausgegebene Karten handelte
und in der Datei neben den Kartennummern auch die Geheimnummern verzeichnet waren. Der französische
Hacker testete diese quasi noch jungfräulichen Karten auf
ihre Funktionsfahigkeit, stellte fest, daß sie funktionierten
und witterte ein einträgliches Geschäft. In den Folgemonaten baute er eine internationale Vertriebsstruktur für diese
Karten auf. Er verkaufte die Karten als sogenannte Virgin-
Cards (jungfräuliche Karten) an Betreiber von Bulletin
Boards. Die Sysops sahen im Vertrieb von Virgincards ein
willkommenes Zubrot und kauften sie in Bündeln von
mehreren tausend Stück. Ein Großabnehmer bezog Virgincards zu einem Stückpreis von einem Dollar, während
die Endabnehmer bis zu zehn Dollar bezahlen mußten.

Der deutsche Virginmarkt wurde Mitte der 90er Jahre
vorwiegend von einer Hackerbande aus München domi-
niert. Der führende Kopf dieser Gruppe führt die Sze-

nenamen Bit-Bug und Kimble. Er verdiente in sehr kurzer Zeit mehrstellige Beträge über den illegalen Vertrieb der Kartendaten, wobei er nicht einmal davor zurückschreckte, Virgincards offen unter seinem Namen anzubieten. Seine grenzenlose Selbstüberschätzung führte dann auch zu seiner Inhaftierung. Nicht anders ging es auch seinem französischen Kollegen und Mittäter, wenngleich auch dessen Festnahme sehr kurios verlief.

Nachdem AT&T die Sicherheitslücke im Hauptrechner erkannte und die Virgincards besser vor unbefugten Zugriff schützte, verlangte der internationale Markt trotzdem nach Nachschub. Der französische Hacker mit dem Namen „Maximilian" versuchte den Bedarf zu decken, indem er von Mitarbeitern einer amerikanischen Telefongesellschaft Kartendaten im großen Stil erwarb. Die Korruption blieb jedoch nicht lange unentdeckt, und die Mittäter sahen sich der Verfolgung des Secret-Service ausgesetzt, einer amerikanischen Behörde, die nur zwei Aufgaben hat: den Schutz des Präsidenten und die Bekämpfung der Computerkriminalitat.

Die den Mittätern gemachten Zugeständnisse führten dazu, daß sie den Haupttäter verrieten. Die Beamten des Secret-Service verlangten jedoch von ihnen, daß sie den französischen Haupttäter nach Amerika locken sollten. Im November 1994 trat dieser dann seine Reise an, die ihn zunächst nach München führte, wo er mit seinem Mittäter Kimble konferieren wollte. Noch auf dem Flughafen in München wurde er verhaftet, nach zwei Tagen aber wieder freigelassen. Eigentlich hätte dies ihm eine Warnung sein sollen, aber er entschloß sich dennoch zur Weiterreise in die Vereinigten Staaten. Am Zielflughafen wurde er bereits von Beamten des Secret-Service erwartet und verhaftet. Er wurde zu einer achtjährigen Freiheitstrafe verurteilt, die er momentan in einem amerikanischen Gefängnis verbüßt. Wie sehr er den Virginmarkt dominierte, wurde in den Folgemonaten deutlich, da die gesamte Modemszene nunmehr an einer kaum kompensierbaren Verknappung von Virgincards litt. Erschwerend kam hinzu, daß er den amerikanischen Behörden gegenüber sehr mitteilungs-freudig war und somit viele der Sicherheitslücken ge-schlossen werden konnten.

Outdials

Nachdem der Handel mit den Callingcards weitgehend unterbunden war, mußten die Phreaker wieder auf das Scannen von Karten ausweichen und nach neuen Wegen des kostenfreien Telefonierens suchen. Eine dieser Varian-ten ist die Benutzung von sogenannten Outdials. Dabei handelt es sich um eine meist gebührenfreie Rufnummer, über die der Anrufer via DTMF-Töne eine beliebige an-dere Nummer anwählen kann. Besonders Firmen, die eine große Anzahl von Mitarbeitern im Außendienst beschäfti-gen, nutzen diesen Service.

Voicemailboxen

Besonders beliebt ist bei Telefonpiraten die illegale Be-nutzung von Voice-Mailboxen (VMBs). Hierbei handelt es sich um durch Töne steuerbare Anrufbeantworter. Ruft man einen Anschluß an, der mit einer VMB bestückt ist, so erhält man an Stelle eines Ansagetextes ein Auswahl-menü mit den verschiedensten Funktionen, die man über die Eingabe von DTMF-Tönen auswählen kann. So ist eine Gesprächsweiterleitung genauso möglich wie das Aufsprechen einer Nachricht oder eine Outdialfunktion. Zwar sind heute die meisten Outdials und VMBs durch Zugangspaßwörter geschützt, jedoch handelt es sich dabei in der Regel lediglich um eine Zahlenkombination die, ähnlich wie beim Scannen von Callingcards, schnell entschlüsselt werden kann.

Leitungsmanipulationen

Der wohl einfachste Weg des kostenfreien Telefonierens ist die Leitungsmanipulation. Da das Leitungsnetz der Telekom nur sehr ungenügend abgesichert ist, sind der Manipulation Tür und Tor geöffnet. Zwar sind die Verteilerkästen in den Straßen mittlerweile verschlossen, aber die Leitungen in den Hausverteilerkästen sind in der Regel absolut ungeschützt. Es ist daher für einen Täter sehr einfach, sich auf eine fremde Leitung aufzuschalten. Besonders clevere Telefonpiraten statten die gekaperte Leitung sogar mit einem Umschaltrelais aus, damit sie während ihrer Aktivitäten nicht durch den Besitzer der Leitung gestört werden.

In den Hackerkonferenzen von Bulletin Boards sind auch Mitarbeiter der Telekom vertreten, denen besondere Wege der Leitungsmanipulation zur Verfügung stehen. So enthalten beispielsweise die Verteilerkästen in den Straßen auch Prüfleitungen, die von ihnen gerne benutzt und manchmal sogar gegen Geld weitervermittelt werden. Auf einer dieser Prüfleitungen in Dortmund ist so eine Rechnung in sechsstelliger Höhe aufgelaufen.

Besonders einfach sind Leitungsmanipulationen für die Angestellten und Beamten, die in den Vermittlungsstellen tätig sind. Vor allem in den alten analogen Vermittlungsstellen reichen wenige Handgriffe aus, um eine Leitung anzuzapfen. Ein Risiko der Entdeckung existiert für korrupte Techniker in den Vermittlungsstellen praktisch nicht, da sie nicht nur für die zu erstellenden Zählervergleichsprotokolle bei Gebührenbeschwerden, sondern auch für Fangschaltungen zuständig sind. Auch den Außendiensttechnikern der Telekom bieten sich vielfältige Manipulationsmöglichkeiten, da die wenigsten Kunden mit den Programmiermöglichkeiten ihrer Telefonanlage vertraut sind, Für Telefonanlagen gilt, genauso wie für die Vernetzung von Rechnern: Je größer und komplexer die Anlage, desto mehr Möglichkeiten der Manipulation bieten sich dem versierten Techniker. So lassen sich beispielsweise Telefonanlagen mit integriertem Serviceport mit Hilfe der richtigen Telefonnummer, einem Modem und dem Zugangspaßwort von einem beliebigen Ort aus anwählen und komplett fernsteuern.

ISDN

Der Vorteil der neuen verbesserten digitalen Vermittlungstechnik ISDN liegt vor allem in einer schnellen und qualitativ hochwertigen Datenübertragung. Ein ISDN-Anschluß kann somit eine Geschwindigkeit in der Datenübertragung erreichen, die sonst nur über spezielle Standleitungen realisierbar wäre. Daher ist es nicht verwunderlich, daß sich ISDN besonders bei Geschäftskunden einer hohen Beliebtheit erfreut.

Doch auch das neue ISDN-Netz der Telekom ist vergleichsweise einfach manipulierbar. So konstruierte beispielsweise ein Hacker aus Mannheim ein Gerät, mit dem er jeden ISDN-Anschluß ohne Wissen des Besitzers auf Rufweiterleitung programmieren konnte. Auf diese Weise konnte er alle Auslandstelefonate zum Ortstarif oder durch Manipulation einer gebührenfreien 0130-Rufnummer zum Nulltarif führen. Seine Vorgehensweise war simpel:

Jeder ISDN-Anschluß besteht praktisch aus mehreren Leitungen, die Kanäle genannt werden. Die Kanäle werden in zwei Gesprächskanäle (B-Kanäle) und einen Steuerkanal (D-Kanal) unterteilt. Auf diese Weise ist es beispielsweise möglich, daß ein ISDN-Teilnehmer während eines Telefonates noch das „Anklopfen" eines weiteren Anrufers wahrnehmen kann.

Auch die bidirektionale Datenübertragung (gleichzeitiges Senden und Empfangen) wird über diese voneinander getrennten Kanäle vorgenommen. Die bidirektionale Datenübertragung wird auch bei der Rufumleitung benötigt, da der erste Gesprächskanal durch den Anrufer belegt ist und somit nur über einen zweiten Kanal die Verbindung zur Zielrufnummer der Rufumleitung geschaltet werden kann. Der D-Kanal (Steuerkanal) steuert die umfangreichen Leistungsmerkmale des ISDN-Telefons und übermittelt die entsprechenden Daten an die Vermittlungsstelle. Im Falle der Gesprächsumleitung verbindet er einfach die beiden B-Kanäle miteinander und übernimmt auf diese Weise praktisch die Funktion einer kleinen, eigenständigen Vermittlungsstelle. Diesen Umstand machte sich auch der Hacker aus Mannheim zunutze:

Als erstes führte der Hacker unter einem Vorwand ein kurzes Telefonat mit seiner Zielperson, meist mit dem Inhalt „Entschuldigung, ich habe mich wohl verwählt...". Das nur wenige Sekunden andauernde Gespräch nutzte er, um zeitgleich in den D-Kanal des Zieltelefons einzudringen und diesen umzuprogrammieren. Dadurch versetzte er das Telefon in den Rufumleitungsmodus und wurde somit nach einer erneuten Anwahl direkt mit der von ihm gewünschten Rufnummer (meist im Ausland) verbunden. Die Mehrkosten des Gespräches zahlte stets der Inhaber der „gekaperten" ISDN-Leitung.

Nachdem die Telekom die Schwachstelle im ISDN-System erkannt hatte, sperrte sie den Zugriff via Modem auf diese Funktion. Damit ist das Problem jedoch noch nicht vollständig behoben, denn auch andere ISDN-Funktionen wie beispielsweise der Aufbau von Konferenzschaltungen mit mehreren Gesprächsteilnehmern werden über den D-Kanal gesteuert und können von außen manipuliert werden.

Die bidirektionale Datenübertragung enthält auch noch eine andere Schwachstelle, die bisher in den Medien noch nicht behandelt wurde und weitaus fatalere Folgen haben kann, als eine Mehrbelastung durch unrechtmäßig entstandene Gesprächskosten:

Viele Firmen nutzen mittlerweile die Möglichkeit, Faxe direkt vom Computer aus zu versenden. Die Leistungsmerkmale der Programme sind vielschichtig. So können auf diese Weise Serienbriefe erstellt und nach Geschäftsschluß versandt werden, also zu einem Zeitpunkt, zu dem die benötigten Telefoneinheiten preiswerter zur Verfügung stehen. Einige der angebotenen Faxprogramme verfügen allerdings über eine Hintertür, die es Hackern ermöglicht, über den zweiten B-Kanal direkt in den Rechner des Benutzers einzudringen. Fatal ist es, wenn dieser Rechner in ein Netzwerk eingebunden ist, denn ein Hacker kann über diese elektronische Hintertür das gesamte Netzwerk der betroffenen Firma unbemerkt unter seine Kontrolle bringen.

Besonders Firmen, die im Finanzdienstleistungsbereich tätig sind (Banken, Versicherungen, Leasinggesellschaften) und daher eigentlich einen ausgesprochen hohen Wert auf die Integrität ihrer Daten legen, gelten momentan als beliebte Angriffsobjekte.

5.

Audiotext oder: Der Goldesel Telefon

Funktionsweise

Wer abends die Programme der privaten Fernsehsender verfolgt, kennt aus den Werbeblöcken Helga mit der Peitsche, die dem devoten Anrufer für 3,22 DM pro Minute ihre beschwingten Dienste anbietet. Audiotext heißt die Telefonhure im Fachjargon.

Besonders Firmen in der Karibik und in Südamerika sowie in Hongkong sind führende Anbieter dieser Dienstleistungen. Sie mieten bei den örtlichen Telefongesellschaften Leitungskontingente an, deren Erträge sie mit den Gesellschaften teilen. Die Telefonleitungen werden mit einem Audiotextcomputer verbunden, auf dem alle Informationsbänder in digitalisierter Form gespeichert sind. Die Telefonleitungen werden von den Hauptanbietern an Unteranbieter weitervermietet, die entweder selbst ein Informationsband erstellen oder auf das breite Bandangebot des Hauptanbieters zurückgreifen.

Der Ertrag der Telefonleitungen wird zwischen dem Hauptanbieter, der die technischen Einrichtungen zur Verfügung stellt, und dem Unteranbieter, dem das Marketing unterliegt, aufgeteilt. Die Verdienstmöglichkeiten des Unteranbieters sind enorm, da er pro Gesprächsminute bis zu 1,15 DM erhält. Effektiv beworbene Sexbänder und Partylines können nicht selten eine monatliche Auslastung von über 100.000 Minuten erzielen. Von Deutschland aus wird derzeit alleine in Hongkong eine monatliche Auslastung von sechs Millionen Gebührenminuten durch Audiotext erzielt, Das Gesamtvolumen der Umsätze aus Deutschland liegt bei monatlich über 20 Millionen Gebührenminuten. Dies bedeutet, daß in Deutschland monatlich mehr als 64 Millionen DM für die Benutzung ausländischer Schmuddeltelefonnummern ausgegeben werden. Die Hälfte dieses Betrages kann die Telekom als Gewinn verbuchen. Bei diesem Betrag wurden die Umsätze aus dem deutschen Audiotextderivat mit dem Namen „Service 0190" noch nicht berücksichtigt.

Die Einführung des Audiotextservices bedeutete für die Phreakerszene einen Quantensprung, denn erstmals waren die Täter in der Lage, ihre technischen Kenntnisse direkt in einen geldwerten Vorteil zu verwandeln. In der Hackerszene wurde mit der Einführung des Audiotextes ein reger Wettlauf nach diesen Rufnummern ausgelöst, denn jede auf Kosten anderer Telefonkunden produzierte Minute auf diesen den Hackern gehörenden Leitungen bedeutete bares Geld. Auch heute noch besteht ein nicht kleiner Teil der Inhaber von 0190er-Rufnummern aus Hackern. Nunmehr konzentrierten sich die Aktivitäten der Hacker nicht mehr nur auf die datenübertragungstauglichen Möglichkeiten des kostenfreien Telefonierens, sondern auch auf alle anderen Varianten. Erstmals wurden somit auch die Funktelefone für die Hacker interessant.

Funktelefone

Das erste flächendeckende Funksprechnetz mit dem Namen A-Netz wurde von der Deutschen Bundespost kurz nach dem Zweiten Weltkrieg in Betrieb genommen und versorgte 1968 bereits 80 Prozent der Fläche der Bundesrepublik. Im Jahr 1977 wurde der Betrieb des A-Netzes eingestellt.

Das B-Netz wurde 1972 eröffnet und schrittweise bis 1977 zur annähernden Flächendeckung ausgebaut. Es besaß 150 Funkverkehrsbereiche mit entsprechenden Funkvermittlungseinrichtungen. Es standen 37 Sprechkanäle zwischen 146 und 156 MHz in einem Kanalabstand von 20 kHz und 4,6 MHz Gegensprechabstand zur Verfügung. Um den wachsenden Verkehrsbedarf im B-Netz zu befriedigen, wurden 1977 die vom A-Netz benutzten Frequenzen zur Erweiterung des B-Netzes zum B2-Netz verwendet. Im B-Netz funktionierten der Verbindungsaufbau und die Gebührenerfassung vollautomatisch.

Der Nachteil des B-Netzes bestand darin, daß der Betreiber eines solchen Telefons beim Verlassen des Sendegebietes eines Funkmastes sein Gerät umstellen mußte. Jemand, der eine Verbindung zu einem B-Netztelefon aufbauen wollte, mußte daher genau wissen, wo sich der Teilnehmer gerade befand, da jeder Funkmast seine eigene Vorwahl hatte.

Die Rufnummern von B-Netztelefonen der ersten Generation wurde über das Verlöten von Drahtbrücken im Gerät kodiert. Erst mit der Einführung des B2-Netzes ging die Telekom dazu über, verschweißte Kennungsmodule zu verwenden. Diese Module enthielten jedoch nur eine einfache analoge Codierung der Rufnummer und konnten somit von Hackern sehr einfach entschlüsselt werden. Ein auf Kommunikationselektronik spezialisierter Hacker aus Dortmund bot in der Hackerszene eine Dienstleistung besonderer Art an. Er kaufte alte B2-Telefone auf und baute sie zu Koffergeräten um, bei denen der Besitzer mittels eines Codierschalters die Rufnummer einstellen konnte, zu deren Lasten er telefonierte.

Aus München stammt eine ungewöhnliche Art der B-Netz-Manipulation. Ein dortiger Hacker mit Kenntnissen aus der Funktechnik analysierte die vom Funktelefon ausgehenden Signale und ermittelte auf diese Weise die Beschaffenheit der Identifikations- und der Anwahlsequenz. Die so gewonnenen Erkenntnisse setzte er um, indem er ein Computerprogramm kodierte, daß diese Signale reproduzieren und über einen einfachen PC-Lautsprecher ausgeben kann. Dieses Programm, das den treffenden Namen B-Fraud, also: „B-Netz-Betrug" trägt, ist sehr bedienerfreundlich gestaltet. Der Benutzer kann selbst die Rufnummer auswählen, die er schädigt. Einige Rufnummern von B-Netz-Teilnehmern sind bereits im Programm integriert. Es handelt sich dabei vorwiegend um Rufnummern der Bundesbahn. Ein Benutzer braucht lediglich das Mikrofon seines Funkgerätes an den Lautsprecher seines PCs zu halten und eine Taste zu drücken, um eine Verbindung aufzubauen. Sollte der von ihm gewählte Kanal zufällig gerade besetzt sein, kann er mit dem richtigen Signal das unliebsame Gespräch des zahlenden Kunden unterbrechen und den Kanal dann selbst nutzen. Seit Dezember 1994 hat die Telekom dem illegalen Treiben ein Ende gesetzt und den B-Netzbetrieb eingestellt.

C-Netz

Im September 1985 begann die Deutsche Bundespost mit einem öffentlichen Probebetrieb des Funktelefonnetzes C. Nach einer kurzen Anlaufzeit von wenigen Monaten wurde am 01. Mai 1986 der Regelbetrieb aufgenommen. Mit einem C-Netz-Funktelefon ist ein Teilnehmer im Bereich der Telekom grundsätzlich überall und jederzeit fernmündlich erreichbar und kann selbst Telefongespräche führen.

Das Funktelefon ist bundesweit über die einheitliche Vorwahl 0161 in Verbindung mit der Teilnehmernummer ohne Kenntnis des Aufenthaltsortes erreichbar.

Das Funktelefonnetz ist in Zellenstruktur aufgebaut mit jeweils einer Funkfeststation in jeder Zelle. Mehrere Funkfeststationen sind einer Funkvermittlungsstelle zugeordnet und bilden einen Funkverkehrsbereich. Derzeit ist an jeder der acht Zentralvermittlungsstellen (ZVSTs) ein Funkverkehrsbereich über eine Funkvermittlungsstelle angeschlossen.

Die Funkvermittlungsstellen sind untereinander mit Fernsprech- und Datenleitungen verknüpft. Über die Datenleitungen werden die Gespräche signaltechnisch koordiniert. Die Verbindung zwischen der Funkfeststation und den Teilnehmergeräten erfolgt über den jeweils zugeteilten Funkkanal. Für das C-Netz sind 237 Funkkanäle bereitgestellt. Es arbeitet im 450 MHz-Bereich mit einem Nachbarkanalabstand von 20 kHz und 10 MHz Gegensprechabstand der Sende- und Empfangsfrequenzen. Neben der Verbindungssteuerung sorgen die Funkfeststationen auch für die automatische Standorterfassung der Mobilstationen, um eine ununterbrochene Erreichbarkeit sicherzustellen.

Um der hohen Nachfrage Rechnung zu tragen, führte die Telekom in den Ballungsgebieten sogenannte Kleinzellen ein. Durch die Teilung der Großzellen in viele Kleinzellen, die von Funkfeststationen mit niedrigeren Antennen und geringerer Sendeleistung versorgt werden, ist es möglich, die zur Verfügung stehenden Frequenzen in der Fläche häufiger zu wiederholen um damit eine erheblich höhere Sprechkanalkapazität zur Verfügung zu stellen. Während der Radius einer Großzelle bis zu 25 km beträgt, kann der Radius einer Kleinzelle etwa zwei km betragen.

Zur gebührentechnischen Personalisierung sendet ein C-Netztelefon beim Einbuchungsvorgang und beim Gesprächsaufbau seine Teilnehmerkennung zur Funkfeststation. Die Teilnehmerkennung besteht aus der ersten Stelle der Rufnummer, der Kartenfolgenummer, den restlichen Stellen der Rufnummer und einer Prüfsumme. Ein einfaches Übertragen der Rufnummer auf eine zweite Magnetkarte reicht für eine illegale Benutzung einer fremden C-Netz-Karte nicht aus, da die Prüfsumme auch auf der Karte enthalten sein muß.

Die Lösung der Entschlüsselung von Teilnehmerkennungen des C-Netzes liegt in der Analyse des Einbuchungsvorgangs. Mit einer Geschwindigkeit von 9.600 Bit pro Sekunde überträgt ein C-Netz-Telefon seine Kennungsdaten an die Funkfeststation der Funkzelle. Dieser Vorgang läßt sich mit Hilfe eines Empfängers, der im 450 MHz-Bereich arbeitet, problemlos abhören und mitschneiden.

„Hilfreich" ist es dabei, daß es beim C-Netz einen separaten Einbuchungs- und Anwahlkanal gibt. Erst wenn ein Gespräch zustandegekommen ist, erfolgt ein Wechsel auf den eigentlichen Gesprächskanal. Somit muß ein Hacker nur den Anwahlkanal überwachen, um die Kennung der Telekomkunden herausfiltern zu können. Die auf diesem Weg erlangten Kennungen braucht der Hacker nur noch auf eine Magnetkarte zu übertragen, die er anschließend mit jedem handelsüblichen C-Netz-Telefon nutzen kann.

Da die C-Netz-Telefone neuerer Bauart nicht mehr mit einer Magnetkarte, sondern nur mit einer Chipkarte betrieben werden können, mußten die Hacker nach einem Weg suchen, auch das Chipkartensystem zu überlisten. Die Lösung fand ein Hacker aus Mannheim. Er konstruierte ein Gerät, bei dem bis zu tausend Teilnehmerkennungen in einem E-Prom gespeichert werden können und ein Intel-8039-Prozessor die Funktion der Karte übernimmt. Eine an das Gerät angeschlossene Dummy-Karte wird in das Telefon geschoben, und schon ist es einsatzbereit. Sobald der Mißbrauch einer Karte entdeckt und sie für den Betrieb gesperrt wird, ist es möglich durch ein einfaches Betätigen eines Druckschalters zur nächsten Kennung zu wechseln. Die im E-Prom gespeicherten Daten reichen aus, um ein Funktionieren des automatischen Telefonpiraten über mehrere Jahre hinweg zu gewährleisten. Es ist daher nicht verwunderlich, daß der Hacker aus Mannheim seine Entwicklung zum Preis von jeweils 5.000,- DM bereits mehrfach verkaufen konnte.

Für den Betrieb von Audiotextrufnummern hält er zum Preis von 7.500,- DM eine besondere Geräteversion bereit, die er C-Netz-Dialer nennt. Dieses Gerät ist etwas aufwendiger konstruiert und beinhaltet neben einer höheren Anzahl von Teilnehmerkennungen auch einen Zufallsgenerator zum Variieren der Anrufzeiten und einen Speicher für die gewünschte Zielrufnummer. An ein manipuliertes C-Netz-Handy angeschlossen, schädigt es eine Kennung nur für maximal fünf Minuten und wechselt dann für eine erneute Anwahl die Kennung. Der hohe Anschaffungspreis wird durch das Gerät innerhalb weniger Tage wieder eingespielt. Ein Risiko der Entdeckung des Täters besteht praktisch nicht, da das enorme Betrugsvolumen auf viele Teilnehmerkennungen verteilt wird. Ein vereinzelter Anruf bei einer Audiotextrufnummer mag den Besitzer einer Karte zwar verwundern, eine Kartensperrung wird er jedoch angesichts des geringen Betrages kaum veranlassen. Sein lukratives Geschäft betreibt der Mannheimer Hacker übrigens auch heute noch vollkommen unbehelligt von den Strafverfolgungsbehörden.

Nur wenige Hacker sind mit der komplizierten Technik der Entschlüsselung von Kartenkennungen vertraut. Daher greifen die meisten Täter zu einer einfacheren Methode des Ausspähens von Kartendaten. Sie mieten ein Funktelefon an, lesen einfach die Kartendaten aus und erstellen dann ein Duplikat der Karte. Sehr beliebt ist in diesem Zusammenhang auch das Anmieten von Autos mit eingebautem Funktelefon.

Eine weitere Variante besteht im Erwerb einer C-Netz-Karte unter falschem Namen oder über einen Mittelsmann. Eine Hackergruppe aus Düsseldorf spricht beispielsweise zu diesem Zweck systematisch Gastarbeiter an, die sich nur für einen begrenzten Zeitraum in Deutschland aufhalten. Für Erwerb und Weitergabe einer Karte werden sie mit einem Betrag von bis zu 250,- DM abgefunden. Da die erste Rechnung von der Telekom in der Regel erst nach drei Monaten verschickt wird, können die Täter eine solche Karte bis zu vier Monate lang nutzen, ehe sie gesperrt wird.

GSM-Telefone (D- und E-Netz)

Im Rahmen der Europäischen Konferenz der Post und Fernmeldeverwaltungen (CEPT) haben sich die westeuropäischen Verwaltungen auf eine gemeinsame Entwicklung eines digitalen Mobilfunksystems geeinigt. Die erste Stufe dieses europaweiten Mobilfunknetzes wurde 1991 in Betrieb genommen. Europaweit soll eine Teilnehmerzahl von 10 Millionen, für Deutschland von 2 Millionen erreicht werden. Neben der Sprachübertragung werden auch Datendienste angeboten, deren Standardisierung durch die europäische Group Speciale Mobile (GSM) erarbeitet wurde.

Für das D-Netz werden je Übertragungsrichtung 25 MHz im 900 MHz-Band reserviert. Das Kanalraster liegt bei 200 kHz. Damit sind für das Senden und Empfangen je 124 Trägerfrequenzen möglich. Die benachbarten Basisstationen benutzen unterschiedliche Frequenzen, um gegenseitige Störungen zu vermeiden. In einem Time Division Multiplex Access (TDMA) genannten Verfahren werden acht Sprechkanäle gleichzeitig über ein Trägerfrequenzpaar übertragen. Die Sprachübertragung und der Datenaustausch sind digital. Wie das C-Netz ist auch das D-Netz ein zellulares System mit Basisstationen und Funkvermittlungseinrichtungen.

D-Netz-Telefone sind wesentlich effektiver gegen Mißbrauch geschützt als die C-Netz-Geräte. Ebenso wie beim C-Netz-System sind alle sicherheitsrelevanten Daten auf einer Chipkarte gespeichert. Dazu gehören nicht nur die Telefonnummer sondern auch, wie beim C-Netz, eine Prüfsumme. Außerdem können D-Netz-Telefone nur nach der Eingabe einer Geheimzahl in Betrieb genommen werden. Der Einbuchungsvorgang kann zwar überwacht und analysiert werden, jedoch ist es nicht möglich, daraus die Prüfsumme zu ermitteln.

Beim Einbuchungsvorgang sendet die Funkfeststation des GSM-Netzes (D1, D2 oder E) eine Zufallszahl zum Funktelefon. Aus dieser Zufallszahl errechnet das Funktelefon in Verbindung mit der Prüfsumme einen Wert, den es zur Funkfeststation zurücksendet. Dort wird die Rechenoperation wiederholt und mit dem vom Funktelefon zurückgesandten Wert verglichen. Nur wenn beide Werte gleich sind, erfolgt eine Einbuchung. Bei jedem Wechsel der Funkzelle wird diese Authentifikationsprozedur wiederholt. Das Abhören eines GSM-Gespräches ist mit einfachen technischen Mitteln praktisch nicht möglich, da während des Gesprächs die Trägerfrequenz automatisch gewechselt wird.

Trotz des guten Sicherheitsstandards, der in der GSM-Norm definiert wurde, gibt es einige Sicherheitslücken, die von Hackern zum kostenfreien Telefonieren genutzt werden. Eine dieser Varianten stützt sich auf die Notruffunktion der Telefone. Auch ohne eingelegte Karte und ohne Eingabe einer Geheimzahl ist es möglich, über jedes GSM-Telefon einen Notruf abzusetzen. Die Notrufnummer ist ein fester Bestandteil der Grundprogrammierung eines jeden GSM-Telefons. Bei einigen Handys ist es möglich, über eine Lötbrücke und die Eingabe eines Codes in den Servicemodus des Gerätes zu gelangen. Dort läßt sich dann die Notrufnummer mit einer beliebigen anderen Nummer vertauschen. Auf diese Weise ist es möglich, über ein entsprechend manipuliertes Handy auch ohne eingelegte D-Netz-Karte kostenfrei zu telefonieren.

Ein aus Mannheim stammender und auf Vermittlungstechnik spezialisierter Hacker verblüffte einige Mitglieder der Hackerszene damit, daß er unter deren GSM-Rufnummer angerufen werden konnte. Es war ihm gelungen, die Systematik der Prüfsumme zu entschlüsseln und eine

GSM-Karte zu simulieren. Wie schon zuvor bei der C-Netz-Karte, konstruierte er auch diesmal einen elektronischen Telefonpiraten auf der Basis eines Intel-8039-Prozessors. Das Gerät ist fast baugleich mit der C-Netz-Version. Die Rufnummer sowie die Steuersoftware sind in E-Proms gespeichert, und der Wechsel der genutzten Rufnummer erfolgt über einen einfachen Druckschalter. Die Verbindung zum GSM-Telefon wird über eine an das Gerät angeschlossene Dummykarte hergestellt.

Für den Audiotextmarkt hat sich der Hacker aus Mannheim auch diesmal eine besondere Variante einfallen lassen. Er konstruierte einen elektronischen Telefonpiraten in Form einer PC-Steckkarte. Die gesamte Logik der Kennungsentschlüsselung ist, genau wie bei der transportablen Version, in einem E-Prom untergebracht. Die Verbindung zum Handy erfolgt auch in der stationären Version über eine Dummy-Karte. Der Vorteil der PC-Version besteht darin, daß der Anwender sich die Rufnummern aussuchen kann, die er schädigt. Die Steuersoftware ist ähnlich benutzerfreundlich programmiert, wie die des B-Netz-Dialers. Das Programm ist vollkommen auf den Bedarf eines Audiotextbetreibers abgestimmt. So können beispielsweise bis zu 10.000 Rufnummern von D-Netzkunden eingegeben werden, deren Prüfsumme automatisch errechnet wird. Außerdem ist der Zufallsgenerator, der für die unterschiedlichen Anwahlzeiten verantwortlich ist, derart komfortabel programmiert, daß er sogar die Sinuskurve der im Audiotext üblichen Auslastungsspitzen simulieren kann. Dies hat zur Folge, daß die illegal produzierten Umsätze auch bei einer Kontrolle der Auslastungsstatistiken nicht auffallen. Somit ist dieses Gerät das ideale Werkzeug für Telefonpiraten mit Audiotextleitungen. Trotz des hohen Anschaffungspreises von derzeit 50.000,- DM lohnt sich die Anschaffung des Gerätes für die Täter, da es schon nach einem Monat Gewinn abwirft. Daß es sich bei den von ihm vertriebenen Geräten quasi um Betrugsmaschinen handelt, stört den Konstrukteur nicht. Er argumentiert damit, daß der einzelne Kunde in der Regel nur um einen kleinen Betrag geprellt wird und somit kein existentieller Schaden entsteht. Ruhigen Gewissens betreibt er sogar eine eigene Audiotextrufnummer im Service 0190 der Telekom.

Ähnlich wie beim C-Netz ist auch der Erwerb von D-Netz-Karten über Mittelsleute sehr beliebt. Teilweise sind auch Angestellte von Telefongesellschaften in den schwunghaften Handel verstrickt. Sie bieten Karten an, die sie über ihren Operatorplatz freischalten und die auf Phantasienamen registriert sind. Eine solche Karte läßt sich bis zu drei Monate lang nutzen, da der Mißbrauch erst nach Versenden der ersten Rechnung auffällt. Eine solche Karte wird in Hackerkreisen zu Preisen von 500,- bis 1.500,- DM gehandelt.

Da der Mißbrauch von GSM-Karten mittlerweile ein enormes Volumen erreicht hat, sahen sich die D-Netz-Betreiber gezwungen, einzelne Länder für den D-Netz-Betrieb zu sperren. So ist es beispielsweise nicht mehr möglich, eine Rufnummer in den Niederländischen Antillen über ein D-Netz-Telefon anzurufen. Die Niederländischen Antillen gelten als einer der Hauptanbieter von Audiotextdienstleistungen. Die dortigen Umsätze im internationalen Telefonverkehr werden zu über 80 Prozent durch Sex- und Partyline-Rufnumern erzielt.

Satellitenfunktelefone

Im Herbst 1945 schlug der Engländer A. C. Clarke vor, Nachrichtenverbindungen zwischen weit entfernten Punkten auf der Erdoberfläche über geostationäre Relaisstationen abzuwickeln, die sich in Satelliten befinden. Zwölf Jahre später wurde am 4.10.1957 mit dem Sputnik das Satellitenzeitalter eingeleitet.

Zunächst fehlten noch die geeigneten Stromquellen, um aktive Nachrichtensatelliten zu bauen, die über einen großen Zeitraum Nachrichten empfangen, verstärken und wieder zur Erde aussenden konnten. Daher entwickelte man anfangs hauchdünne, erst im Orbit aufzublasende Satelliten, deren Aluminiumbeschichtung die auftreffenden Signale zurückwarfen. Mit Telstar gelang es erstmals, Fernsehsendungen zwischen Amerika und Europa zu übertragen. Aufgrund seiner erdnahen Umlaufbahn konnte er jedoch nur für etwa 20 Minuten eine Brücke über den Atlantik bilden. Schon bald wurden die ersten Satelliten in eine geostationäre Umlaufbahn geschickt.

Im Jahr 1962 unterzeichnete Präsident John F. Kennedy das für die Nutzung von Fernmeldesatelliten geltende Gesetz, und im Februar 1963 wurde die Communications Satellite Corporation (COMSAT) gegründet. Anderthalb Jahre später unterzeichneten elf Länder Vereinbarungen über die Einrichtung eines weltumspannenden Satellitensystems und gründeten damit die International Telecommunications Satellite Organisation oder INTELSAT. Der erste Satellit des INTELSAT-Programms mit dem Namen Early Bird wurde am 6.4.1965 in die Umlaufbahn gebracht. Die Geräte dieses Satelliten wurden zwei Monate später eingeschaltet, und damit war die erste Satellitenverbindung zwischen den Vereinigten Staaten und Europa hergestellt, über die sowohl Telefongespräche als auch Fernsehsendungen übertragen werden konnten. Damit war es möglich, ständig 240 Telefonkanäle oder zwei Fernsehprogramme zwischen Amerika und Europa zu übertragen. Später wurde dieser Satellit in INTEL I umbenannt. Die deutsche Telekom ist mit den großen Erdfunkstellen in Raisting, Usingen, Fuchsstadt und Hameln an dieses System angeschlossen. Des weiteren existieren viele kleine Empfangs- und Sendeanlagen, die über das gesamte Gebiet der Bundesrepublik verteilt sind.

Um auch den europäischen Fernmeldeverkehr über Satellit abwickeln zu können, wurde die European Telecommunications Satellite Organisation (EUTELSAT) gegründet. Deutschland ist neben 18 anderen europäischen Staaten Mitglied dieser Organisation. Antennen für das EUTELSAT-Netz sind unter anderem in der Erdfunkstelle Usingen untergebracht.

Speziell für die Seefahrt wurde das Satellitensystem INMARSAT geschaffen, das eine zuverlässige weltweite Kommunikation ermöglicht. Das System deckt die Regionen Atlantik, Pazifik und indischer Ozean ab. Das System wird auch für Flugzeuge und landgestützten Mobilfunk genutzt. Die Mobiltelefone des INMARSAT-Netzes werden in Form von Koffergeräten angeboten. Ein Betreiber eines solchen Koffers muß lediglich eine Richtantenne auf den Satelliten ausrichten, um von jedem Punkt der Erde aus telefonieren zu können. Da eine Gesprächsminute über INMARSAT derzeit über 20,- DM kostet, ist diese Technik nur für Telefonpiraten interessant, die einen Weg gefunden haben, das System kostenfrei zu nutzen.

Eine Hackergruppe aus den Niederlanden hat sich auf die Entschlüsselung und den Nachbau von Satellitentelefonen spezialisiert. Derzeit werden in Hackerkreisen zwei verschiedene Systeme angeboten. Die etwas einfacher konstruierte Version verfügt lediglich über die kopierte

Kennung eines anderen Gerätes und bedarf somit eines Updates, sobald der Mißbrauch entdeckt und unterbunden wird.

Zur Erlangung einer Kennung benutzen die Hacker aus den Niederlanden einfach Leihgeräte, die über Strohmänner bei den entsprechenden Dienstleistern angemietet werden. Das Leihgerät wird von ihnen geöffnet und das E-Prom, auf dem die Kenndaten gespeichert sind, entnommen. Mit einem handelsüblichen E-Prombrenner, der für wenig Geld in jedem Elektronikladen erworben werden kann, wird das Kennmodul kopiert. Danach wird das um seine geheimen Daten beraubte Gerät dem Händler zurückgebracht. Da die Satelliten-Telefone sehr häufig verliehen werden und immer unterschiedliche Personen betroffen sind, fällt eine mißbräuchliche Nutzung meist erst sehr spät auf. Dies wissen auch die Hacker, die dreist mit einer durchschnittlichen „Lebensdauer" von drei bis sechs Monaten pro ausgespähter Kennung werben.

Die zweite Gerätevariante ist ähnlich komfortabel ausgestattet wie die manipulierten B-Netz-Telefone. Über einen Schalter ist die Gerätekennung umschaltbar, womit ein kostenfreies Telefonieren auch noch in einigen Jahren möglich sein wird. Neben Telefongesprächen ist bei der zweiten Gerätevariante auch das Übertragen von Daten via Modem möglich. Da die niederländische Hackergruppe derzeit bis zu 65.000,- DM für ein manipuliertes Satellitentelefon verlangt, sind diese Geräte nur sehr wenig verbreitet. Ob sie auch für das illegale Betreiben von Audiotextrufnummern eingesetzt werden, ist nicht bekannt.

Chipkartentelefone

Neben der Entschlüsselung von Funktelefonen gilt das besondere Interesse der illegalen Betreiber von Audiotextrufnummern den Telefonzellen. Besonders die Chipkartentelefone sind sehr einfach manipulierbar. Einer Hackergruppe aus Dortmund gelang es, eine Telefonkarte mittels eines einfachen Gerätes zu simulieren. Der technische Aufbau einer Telefonchipkarte ist sehr einfach. Bei dem Chip dieser Karte handelt es sich nicht um einen Datenträger wie beispielsweise bei einer GSM-Karte, sondern lediglich um einen Zählerbaustein. Bei einem Telefonat überprüft das Telefon die Restsumme der Einheiten und markiert für jede verbrauchte Einheit ein imaginäres Feld auf der Karte.

Die Kommunikation zwischen Kartentelefon und Telefonkarte läßt sich mit einfachen technischen Mitteln simulieren. Die Abbuchungsimpulse des Kartentelefons werden dabei über eine Dummykarte an einen Kleinstrechner weitergeleitet, der die Impulse des Kartentelefons beantwortet.

Einer Hackergruppe aus Norddeutschland ist die komplette Entschlüsselung des Kartenaufbaus gelungen. Dies hatte zur Folge, daß Kartenfalsifikate innerhalb der Szene vertrieben wurden, die über ein unbegrenztes Kreditlimit verfügen. Zwar versuchte die Telekom, durch Veränderungen des Kartenaufbaus die Situation zu entschärfen, jedoch sind mittlerweile Karten im Umlauf, die auch diese letzten Veränderungen berücksichtigen.

Münzfernsprecher

Auch die herkömmlichen Münzfernsprecher sind mit sehr geringem Aufwand manipulierbar. Das Wahlrelais des Münzfernsprechers wird erst dann freigegeben, wenn sich ein für den Verbindungsaufbau genügender Betrag im Gerät befindet. Hierbei gibt es jedoch eine Sicherheitslücke. Viele Münzfernsprecher sind an das digitale Leitungsnetz angeschlossen, daß neben den analogen Wahlimpulsen auch digitale Tonsignale versteht. Ein Hacker benötigt somit lediglich ein Abfragegerät für Anrufbeantworter, das die benötigten DTMF-Wahltöne senden kann, an die Sprechmuschel des Telefonhörers zu halten und die gewünschte Rufnummer einzugeben, um ein kostenfreies Gespräch führen zu können. Während er bei der Benutzung eines Kartentelefons für die Dauer des Gesprächs beim Telefon bleiben muß, kann er beim Mißbrauch eines Münzfernsprechers unbesorgt den Hörer neben das Gerät legen und die Zelle verlassen. Auf diese Weise kann er mehrere Münzfernsprecher gleichzeitig in Betrieb halten und so den Ertrag seiner Audiotextrufnummer maximieren.

T-Card

Im Frühjahr 1995 führte die Telekom die T-Card ein, das deutsche Gegenstück zur Calling-Card. Die T-Card erlaubt dem Kunden ein bargeldloses Telefonieren von jedem öffentlichen oder privaten Apparat aus. Er muß dazu lediglich eine Codenummer eingeben, die auf der Karte vermerkt ist. Eine Variante dieser T-Card, die für 25,- DM erhältlich ist, erlaubt allerdings auch das kostenfreie Telefonieren. Sobald das Guthaben der Karte bis auf 69 Pfennig verbraucht ist, wird der Angerufene vom Telekom-Computer gefragt, ob er das Gespräch als R-Gespräch weiterführen möchte. Wenn er zustimmt, wird ihm das Telefonat mit der nächsten Telefonrechnung berechnet und der Restbetrag der T-Card bleibt dem Anrufer erhalten.

Dumm ist dabei für die Telekom, daß es öffentliche Telefonzellen gibt, in denen man auch Gespräche entgegennehmen kann. Sobald ein Mittäter, der sich in einer solchen Telefonzelle befindet, die Berechnung der Gebühren als R-Gespräch gestattet, können die anfallenden Gebühren nicht berechnet werden. Zwar senden diese Telefonzellen einen speziellen Kennungston aus, der einen derartigen Mißbrauch verhindern soll, jedoch wird dieser Ton von dem Computeroperator häufig nicht erkannt. Und schon eröffnen sich dem „Kunden" ungeahnte Möglichkeiten, kostenlos zu telefonieren.

Firmentelefoncomputer

Das Produzieren von Audiotextminuten via Telefonzellen ist sehr umständlich und zeitaufwendig, da der Mißbrauch nicht automatisiert werden kann. Wesentlich effektiver ist das Eindringen in einen Firmentelefoncomputer. Viele der in Firmen und Behörden installierten Telefonanlagen sind mit Serviceports ausgestattet, über die ein Techniker der Herstellerfirma per Fernwartung die Programmierung verändern kann. Sobald ein Hacker über sein Modem diesen Serviceport angewählt und das richtige Kennwort eingegeben hat, kann er die komplette Telefonanlage fernsteuern. Geradezu fahrlässig ist in diesem Zusammenhang, daß einer der größten deutschen Anbieter für Telefonanlagen ausgerechnet das Paßwort „SNI" regelmäßig verwendet. Dieses Paßwort gehört sicherlich zu den ersten zehn Varianten, die Hacker ausprobieren.

Zu den Manipulationsmöglichkeiten, die ein Hacker nach Eindringen in eine Telefonanlage hat, gehört oftmals auch das Aufbauen von Konferenzschaltungen. Somit ist er in der Lage, das gesamte Leitungspotential einer Firma oder Behörde gleichzeitig für Anrufe auf seiner Audiotextnummer zu nutzen. Auf diese Weise entstehen schnell Telefonrechnungen in sechs- oder siebenstelliger Höhe, wie eine Firma aus München feststellen mußte. Angesichts der oft sehr kompromißlosen Haltung der Telekom bei der Beitreibung der Gebühren kann dies für eine Firma leicht den Ruin bedeuten.

Auch die in Hackerkreisen schon länger bekannten klassischen Methoden des Leitungsmißbrauchs werden häufig benutzt, um Audiotextleitungen auszulasten. So sah sich beispielsweise die amerikanische Telefongesellschaft AT&T dazu gezwungen, Verbindungen in die Niederländischen Antillen sowie in die Dominikanische Republik via Callingcard nicht mehr zuzulassen. Zuvor wurden durch einen Hacker aus München Schäden in Millionenhöhe verursacht, als dieser über mehrere Monate hinweg seine Audiotextauslastung systematisch durch den Mißbrauch der Karten produzierte.

Computermanipulationen

Das gegen unbefugten Zugriff nur unzureichend geschützte AT&T-System '75 diente als Hilfsmittel für eine besonders trickreiche Variante des Produzierens von Audiotextauslastung. Ein Hacker aus Stuttgart plazierte im Hauptrechner von AT&T ein Programm, daß über die Benutzung von Testroutinen Auslastung produzierte. Das Programm testete einfach permanent die vorher festgelegten Audiotextnummern und produzierte so Umsätze. Da sich das Programm wie ein Computervirus selbst reproduzieren konnte, löste es eine regelrechte Umsatzlawine auf den entsprechenden Leitungen aus.

Konferenzschaltungen

Ähnlich effektiv produzierte auch ein Hacker aus Ingolstadt Umsatz auf seinen Audiotextrufnummern. Er benutzte zunächst die klassischen Varianten des kostenfreien Telefonierens wie Blueboxen, Callingcards und den Gebrauch von Voicemailboxen, um den von der amerikanischen Telefongesellschaft AT&T angebotenen Konferenz-service anzuwählen. Bei diesem Service handelt es sich im Prinzip um eine erweiterte Voicemailbox, bei der jeder Anrufer im Selbstwahlverfahren eine Telefonkonferenz mit bis zu 15 Teilnehmern einberufen kann. In diesem Fall bestanden die Gesprächsteilnehmer allerdings aus seinen eigenen Audiotextrufnummern.

Fax on demand

Zwar nicht so effektiv, aber dennoch sehr trickreich ist eine andere, auch in Deutschland funktionierende Variante zum Produzieren von Auslastung auf Audiotextrufnum-mern. Ein neuer Service, der vor allem von Firmen aus der Computerindustrie angeboten wird, erlaubt es dem An-wender, Produktinformationen abzurufen, die ihm auto-matisch zugefaxt werden. Um an die Informationen zu kommen, muß er lediglich dem Computer der angeschlos-senen Voicemailbox seine Faxnummer bekanntgeben. Das System registriert jedoch nicht, ob es sich wirklich um die Faxnummer eines Kunden oder um eine Audiotextruf-nummer handelt.

Hardwaredialer

Eine neue Dimension der Leitungsmanipulation wurde
durch das Aufkommen der Hardwaredialer eröffnet. Dabei
handelt es sich um Kleinstcomputer unterschiedlichster
Bauart, deren einzige Aufgabe es ist, illegal Auslastung
auf Audiotextrufnummern zu produzieren. Im Unterschied
zu den klassischen Versionen des kostenfreien Telefonierens werden durch Dialer nicht nur Telefongesellschaften,
sondern auch Firmen, Behörden und Privatpersonen geschädigt.

Diese oft nur wenige Zentimeter großen Geräte sind
sehr schwer zu orten. So wurde beispielsweise von den
Mitarbeitern der Ortsvermittlungsstelle Schafflund im
Kreis Flensburg bei einer routinemäßigen Überprüfung
eine Dauerverbindung zurückverfolgt. Dabei wurde ein
Anschluß ermittelt, der für eine neue Kundenleitung vor-
bereitet, jedoch diesem Kunden wegen eines Kabelfehlers
noch nicht bereitgestellt werden konnte. Auf dem zugehörigen Zähler wurde eine Anzahl von 87.000 Einheiten
festgestellt, die zwischen dem 11.11. und 14.12.1994 aufgelaufen sein mußten. Das Manipulationsgerät hatte nach
Erkenntnissen der Generaldirektion der Telekom keine
selbständige Dialerfunktion, denn die Wählverbindung
zum ausländischen Ansagedienst mußte durch den Täter
hergestellt werden. Das Gerät war nur in der Lage, die
Verbindung so lange bestehen zu lassen, bis aufgrund
vermittlungstechnischer Umstände eine Unterbrechung
erfolgte. Das Fernmeldeamt in Flensburg hat zwar die
dortige Kriminalpolizei eingeschaltet, eine Observierung
der Manipulationsstelle brachte jedoch kein Ergebnis.

Nicht alle Dialer sind derart primitiv aufgebaut, wie
Gutachten des Bundesamtes für Sicherheit in der Informa-

tionstechnik (BSI) zeigen. Hierin werden zwei typische Dialerversionen mit unterschiedlichem Leistungsspektrum beschrieben. Bei der ersten Variante handelt es sich um einen batteriebetriebenen Dialer, der nur für einen Zeitraum von 30 Tagen funktioniert. Das speziell für den Einsatz in Firmengebäuden oder bei Behörden konzipierte Gerät nimmt elf Stunden nach seiner Installation seine illegale Arbeit auf und nutzt somit speziell den arbeitsfreien Zeitraum in Bürogebäuden. Ein integrierter Timerchip sorgt dafür, daß sich das Gerät während der Bürozeiten still verhält. Nachdem die Batteriekapazität erschöpft ist, stört das Gerät die Telefonanlage nicht, sondern verhält sich neutral. Ein Risiko der Entdeckung besteht praktisch nicht, da ein neutraler Dialer dieser Baureihe nicht anmessbar ist. Obwohl ein solcher Dialer während der einmonatigen Aktivität einen Schaden von bis zu 69.500,- DM verursacht, kann der Leitungsinhaber noch froh sein, daß er nicht durch ein Gerät der zweiten Generation geschädigt wurde.

Der zweite Dialer, der vom Bundesamt für Sicherheit in der Informationstechnik untersucht wurde, ist wesentlich komplexer aufgebaut als die erste Variante. Er wurde sowohl für den Einsatz in Bürogebäuden als auch für den Mißbrauch von Privatleitungen entwickelt. Er läßt sich an jede beliebige Telefonanlage anschließen und kann auch an einem beliebigen Punkt einer normalen Telefonleitung installiert werden. Das Gerät benötigt keine Batterie, da die Betriebsspannung der Telefonleitung genutzt wird. Im Gegensatz zur ersten Gerätegeneration werden alle Wahlimpulse nicht mehr durch störungsanfällige Relais sondern vollelektronisch produziert. Der Impulsgenerator für die Wahlimpulse sorgt auch gleichzeitig in Verbindung mit einem E-Prom für eine variable Gesprächsdauer. Dadurch benötigt der Dialer weder einen Timerchip noch einen Prozessor zur Ablaufsteuerung. Der Dialer arbeitet auch nicht mehr zu einer festgelegten Zeit, sondern rund um die

Uhr. Er erkennt sogar, daß der Leitungsinhaber den Telefonhörer abnimmt. In diesem Fall unterbricht der Dialer sofort seine illegale Tätigkeit und gibt die Leitung frei. Sobald der Leitungsinhaber jedoch sein Telefonat beendet hat, nimmt der Dialer seine Arbeit wieder auf. Ein Dialer der zweiten Generation kann einen Schaden von bis zu 135.000,- DM im Monat verursachen. Da dieser Dialer permanent arbeitet, ist es jedoch möglich, ihn bei einer gewissenhaften Überprüfung der Leitung zu lokalisieren. Sollte es einem Geschädigten gelingen, eine Fremdnutzung der Telefonleitung durch einen Dialer nachweisen zu können, hat eine Gebührenbeschwerde gute Erfolgsaussichten. Wesentlich schlechter sieht die rechtliche Situation allerdings aus, wenn ein Manipulationsnachweis nicht gelingt.

Gebührenproteste und Telekom

Wenn ein durch einen Dialer geschädigter Leitungsinhaber bei der Telekom seine Rechnung moniert, erlebt er eine unangenehme Überraschung, denn die Telekom besteht zunächst einmal darauf, daß die Rechnung bezahlt wird. Selbst, wenn der Leitungsinhaber die Justiz bemüht, stehen seine Chancen schlecht. Der Grund hierfür ist, daß die deutschen Gerichte immer noch die „Beweiskraft des ersten Anscheines" von Telefonrechnungen anerkennen. Allgemein verständlich ausgedrückt meint diese juristische Formulierung: Wenn die Telekom eine Rechnung schreibt, wird diese wohl stimmen. So erhielt beispielsweise eine Bankkauffrau aus Leverkusen im Februar 1994 eine Telefonrechnung in Höhe von 24.778,12. Nachdem sie nicht bereit war, die augenscheinlich überhöhte Rechnung zu bezahlen, wurde eine Einzelauswertung der Verbindungsdaten vorgenommen. Die Auswertung ergab, daß die Gebühren durch eine häufige Anwahl von Audiotextrufnummern auf den Niederländischen Antillen, in der Dominikanischen Republik und in Chile entstanden waren. Obwohl ein großer Teil der Anrufe während der Arbeitszeit der Leitungsinhaberin stattfanden und auch ihr Sohn zu dieser Zeit nachweislich die Schule besuchte, bestand die Telekom weiterhin auf einer Zahlung der Rechnung. Die Leitungsinhaberin erstattete daraufhin Anzeige doch trotz intensiver Bemühungen gelang es der Kripo Leverkusen bisher nicht, die aus Süddeutschland und dem Kölner Raum stammenden Täter zu ermitteln. Durch den Anschluß eines elektronischen Leitungsdetektivs ergaben sich zwar Hinweise auf eine mögliche Leitungmanipulation, jedoch konnte die Ursache bisher nicht ermittelt werden. Der Ausgang des gerichtlichen Eintreibungsverfahrens der Telekom ist derzeit noch offen.

Um Leitungsmanipulationen besser identifizieren zu können, wurde von der Telekom 1994 das Zählervergleichsprotokoll ZVS90 eingeführt. Das System ist in der Lage, verschiedene Unregelmäßigkeiten bei Telefonleitungen zu entdecken.

Einer der Ansatzpunkte des ZVS90 ist ein zu großer Schleifenwiderstand in der Leitung. Bei Telefonen gibt es bestimmte Werte für Widerstände, die meßbar sind. Verschiedene Telefone und Leitungen können unter bestimmten Umständen auch verschiedene Widerstandsstärken aufweisen. So nimmt beispielsweise das Alter eines Telefons oder der Anschluß eines Faxgerätes Einfluß auf die Höhe des Widerstands. Insofern gibt es einen Toleranzbereich, in dem die Höhe des Widerstands noch als normal betrachtet werden kann. Liegt der Wert außerhalb des Toleranzbereiches, so gibt es zwei Möglichkeiten der Erklärung. Zum einen könnte eine natürliche Störung vorliegen. So besteht beispielsweise bei einem zu hohen Widerstand die Möglichkeit, daß ein nicht postzugelassenes Telefon angeschlossen wurde. Bei einem zu niedrigen Widerstand sind möglicherweise 15 Telefone parallel an eine Leitung geschaltet. Jedoch müßte bei diesen Fehlerquellen der Schleifenwiderstand bei jedem Telefongespräch gleich sein. Wenn der Schleifenwiderstand jedoch bei verschiedenen Telefongesprächen oder nur beim Anwählen einer bestimmten Telefonnummer außerhalb des Toleranzbereiches liegt, ist mit hoher Wahrscheinlichkeit ein Dialer an die Leitung angeschlossen.

Auch Wählimpulse bei ankommender Belegung werden durch das System ZVS90 erkannt. Dies bedeutet, daß wahrend eines Telefonats noch ein zusätzlicher Wahlimpuls an der getesteten Leitung ankommt. Ein Grund hierfür kann eine Fernabfrage des Anrufbeantworters der angewählten Rufnummer sein. Außerdem werden zusätzliche Wahlimpulse durch das Spielen an der Wählscheibe während eines Telefonats ausgelöst. Auch Impulse von fremden Leitungen können beispielsweise durch nasse Kabel auf die getestete Leitung transferiert werden. Möglich ist allerdings auch, daß ein Dialer nicht erkannt hat, daß die angewählte Rufnummer bereits besetzt ist.

Eine weitere Impulsstörung, die durch das ZVS90 erkannt wird, ist das Auftreten von Überimpulsen. Bei mechanischen Telefonen wird beim Wählvorgag eine bestimmte Anzahl von Impulsen ausgelöst. So erfolgt bei der Zahl „1" ein Impuls, bei der Zahl „2" zwei Impulse. die Wahl der Zahl „10" löst zehn Impulse aus. Werden mehr als zehn Impulse registriert, liegt eine Störung vor. Bei einem alten Telefon mit Wählscheibe gibt es bei jeder Zahlenwahl noch zwei weitere Impulse, die bei einem normal funktionierenden Gerät jedoch neutralisiert werden. Sollte diese Neutralisation nicht funktionieren, so können bis zu

112

zwölf Impulse auf einmal pro Zahlenwahl auftreten. Dies hat jedoch zur Folge, daß kein vernünftiges Gespräch zustande kommt oder nicht die richtige Nummer angewählt wird. Insofern wird ein Leitungsinhaber bei einer solchen Störung bereits nach kurzer Zeit die Störungsstelle anrufen. Eine andere Erklärung für das Auftreten von Überimpulsen ist der Anschluß eines nicht funktionierenden Dialers, bei dem es durch eine falsche Programmierung oder ein defektes Wahlrelais zur Überschneidung von zwei Wählvorgängen kommt. Im übrigen funktioniert ein Dialer bei zu niedriger Spannung nicht mehr richtig und kann Flatterimpulse auslösen, die von der Vermittlungsstelle als Wahlimpulse interpretiert werden können.

Anhand der Auswertung von Wahlimpulsen erkennt das ZVS90 noch eine weitere Störungsvariante. Beim Wählen jeder einzelnen Zahl einer Rufnummer werden Impulse erzeugt. Der Abstand zwischen zwei Impulsen wird als Impulspause bezeichnet. Dieser Abstand ist genormt. Liegt ein Impulspausenfehler vor, entspricht also die Pause zwischen zwei Impulsen nicht der Norm, wird dies vom System registriert. Dialer müssen sowohl die Impuls- als auch die Pausendauer gespeichert haben. Bei einer falschen Programmierung eines Dialers kann es beim Wählvorgang zu solchen Pausenfehlern kommen.

Da das ZVS90-System nur Wählvorgänge registrieren kann, die der Norm entsprechen und sich im Gegensatz dazu die Vermittlungstechnik gegenüber Pausenfehlern sehr fehlertolerant verhält, wird von den Konstrukteuren von Dialern gerne die Pausendauer variiert, um für den Fall einer Kontrolle die angewählte Rufnummer zu verschleiern.

Bei jeder Telefonleitung liegt eine Spannung von 60 Volt an. Auch die Spannung ist genormt. Da sich Spannung nicht ohne weiteres vermehrt, muß bei einer Erhöhung der Spannung ein Defekt vorliegen, den das ZVS90-

113

System als Fremdpotential ausweist. Möglich ist beispielsweise, daß ein Funktelefon mit externem Netzteil an die Leitung angeschlossen ist, bei dem das Netzteil nicht nur die Elektronik versorgt, sondern auch Spannung auf die Telefonleitung überträgt. Genauso kann allerdings auch ein fehlerhaft konstruierter Dialer eine erhöhte Spannung auf der Leitung erzeugen.

Das Ergebnis der Zählervergleichschaltung wird vom System in einem Zählervergleichsprotokoll zusammengefaßt. Das Protokoll enthält den Beginn eines Telefonats, den Zählerstand, die gewählte Rufnummer, den Zielort, den Zeitpunkt des Auflegens, die Dauer des Telefonats in Sekunden und die verbrauchten Einheiten. In der Spalte, in der die gewählten Rufnummern verzeichnet sind, finden sich auch sogenannte Ereigniseinträge. Dabei handelt es sich beispielsweise um Prüfverbindungen oder auch um Justagearbeiten an der Prüfapparatur.

Neben dem Zählervergleichsprotokoll erstellt die Zählervergleichsschaltung auch ein Anmerkungsblatt. Dieses zweite Protokoll enthält eine genaue Aufstellung aller Störungen, die während der Kontrolle aufgetreten sind. Anhand dieses Anmerkungsblattes läßt sich sehr genau feststellen, ob etwa ein Dialer für eine überhöhte Telefonrechnung verantwortlich ist. Die Anmerkungen zum Zählervergleichsprotokoll sind somit für jeden Kunden unentbehrlich, wenn er vor Gericht den Beweis darüber führen will, daß die ihm berechneten Gebühren nicht durch ordnungsgemäße Telefonate zustandegekommen sind.

Dies ist auch der Telekom bekannt, die bisher die Anmerkungsblätter sowohl ihren Kunden als auch in Streitfällen den Gerichten unterschlagen hat. Den Kunden wurde vielmehr einfach nur der erste Teil des Protokolls mit dem Hinweis übermittelt, daß keine Anhaltspunkte für eine Leitungsmanipulation vorliegen. Auch vor Gericht argumentierte die Telekom bisher in gleicher Weise. Hier liegt ein systematischer und flächendeckend betriebener Betrug vor, von dem ein großer Prozentsatz der 600.000 Kunden betroffen sein dürfte, die sich pro Jahr über zu hohe Telefonrechnungen beschweren.

Daß es sich hierbei nicht etwa um einige Einzelfälle handelt, wird aus dem Gespräch zwischen einer Redakteurin bei den Stuttgarter Nachrichten und Herrn Busch von der Generaldirektion der Telekom in Bonn deutlich. Hierin wurde Herr Busch insbesondere auf die Frage angesprochen, warum der Anhang zum Zählervergleichsprotokoll nicht dem Kunden übermittelt wird. Er erklärte daraufhin, dies sei deshalb nicht geschehen, weil dieser den Inhalt doch nicht verstanden hätte.

Die Redakteurin war von den Ausführungen der Generaldirektion des Hauses Telekom derart überzeugt, daß sie sofort die Staatsanwaltschaft Köln über den Inhalt des Gespräches informierte.

Laut der Staatsanwaltschaft in Köln decken sich die Ausführungen der Stuttgarter Nachrichten mit den eigenen Ermittlungen. Bereits im November 1994 wurde die Staatsanwaltschaft in Köln durch den Wirtschaftsredakteur der Zeitschrift Focus, Herrn Dr. Canibol, über die Verschleierungstaktik der Telekom bei Gebührenbeschwerden informiert. Im Rahmen der eingeleiteten Ermittlungen wurde die Telekom zunächst um einen Gesamtüberblick über das Arbeitsverfahren der Beschwerdeabteilung gebeten. Außerdem verlangte die Staatsanwaltschaft nach Unterlagen zu Fällen, in denen der Verdacht auf eine mißbräuchliche Nutzung fremder Telefonanschlüsse bestand oder bewiesen wurde.

In einem ersten Informationsheft übersandte der Sicherheitsbeauftragte der Generaldirektion der Telekom, Joachim Meyer, der Staatsanwaltschaft Unterlagen über acht Mißbrauchsfälle in den Niederlassungen Köln 2 und Köln 3 sowie über zehn Mißbrauchsverdachtsfälle und deren abschließende Bewertung im normalen Arbeitsverfahren der Niederlassungen.

Außerdem bot Herr Meyer der Staatsanwaltschaft die Einsichtnahme in einen Prüfbericht an, den das Bundesamt für Sicherheit in der Informationselektronik (BSI) im Auftrag der Telekom erstellt hat. Hierbei legte er jedoch großen Wert darauf, daß dieser Bericht nicht an die Öffentlichkeit gelangte. Dieser Wunsch des Sicherheitsbeauftragten der Generaldirektion der Telekom ist durchaus verständlich, denn obwohl dieser Bericht unter anderem auch die Existenz von Dialern behandelt, wurde diese zeitgleich von den offiziellen Sprechern der Telekom dementiert.

Bei den Auswertung der von der Telekom zur Verfügung gestellten Unterlagen zeigte sich, daß in keinem Fall das Anmerkungsblatt zum Zählervergleichsprotokoll Gegenstand der Kundeninformation war und auch nicht den Gerichten zur Verfügung gestellt wurde, es wurde nicht einmal erwähnt. Hierzu heißt es in einem Vermerk der Staatsanwaltschaft:

„Desweiteren haben sich Anhaltspunkte dafür ergeben, daß die Telekom bei der Eintreibung der Gebühren möglicherweise nicht immer rechtmäßig gehandelt hat. Anhand eines zur Akte gelangten Zählervergleichsprotokolls einschließlich der Anmerkungen sowie deren Erläuterungen wurde durch den Sachverständigen Dr. Hoeffgen festgestellt, daß bei gewissen Unregelmäßigkeiten während des Wählvorgangs bzw. während des Telefonats unter anderem der Anschluß von Dialern nicht auszuschließen ist. Nach Angaben des Sachverständigen müsse jeder Fernmeldetechniker diese Art von Fehlerquelle hinsichtlich des Gebührenaufkomens sofort erkennen. Die Fernmeldeleitungen seien überaus manipulierbar. Es besteht die Vermutung, daß die Telekom, wenn sie ihren Kunden ein Zählervergleichsprotokoll zu Verfügung gestellt hat, weder die Anmerkungen, das heißt den Teil des Zählervergleichsprotokolls, der die Unregelmäßigkeiten einzeln aufführt, noch die Erläuterungen der Anmerkungen dem Telekomkunden zur Verfügung gestellt hat. Wenn dies der Fall wäre, so hätte die Telekom ihren Kunden bewußt Unterlagen vorenthalten, die für diese zur Durchsetzung bzw. zur Abwehr von Ansprüchen von größter Bedeutung sind. Zudem ist auch fraglich, ob die Telekom in Prozessen gegen ihre Telekomkunden zur Eintreibung von Gebühren dem Zivilgericht die Anmerkungen der Zählervergleichsprotokolle sowie deren Erläuterungen zur Verfügung gestellt hat. Sollte dies nicht der Fall sein und die Telekom trotz der Erkenntnis, daß die Gebühren möglicherweise nicht sämtlich durch Telefonate des jeweiligen Kunden, sondern zum Teil auch durch den Anschluß eines Dialers oder ähnliches angefallen sind, die Gebühren zum Teil im Prozeßwege eingetrieben bzw. durchgesetzt haben, besteht der Verdacht des Betruges bzw. Prozeßbetruges zum Nachteil des jeweiligen Telekomkunden. Zur Prüfung dieses Sachverhaltes ist es ebenfalls notwendig, Einsicht in die Unterlagen der Telekom zu nehmen, insbesondere die Beschwerde- bzw. Prozeßakten zu sichten. Im Übrigen muß festgestellt werden, wer für das mögliche Verschwinden der Anmerkungen bzw. der Erläuterungen der Anmerkung der Zählervergleichsprotokolle verantwortlich ist."

Aufgrund der Ermittlungsergebnisse veranlaßte die Staatsanwaltschaft Köln am 18.1.1995 die Durchsuchung verschiedener Gebäude der Telekom. Durchsucht wurden die Generaldirektion der Telekom in Bonn, die Direktion der Telekom in Köln, die Rechnungsstellen der Fernmeldeämter 2 und 3 in Köln, die Direktion der Telekom in Düsseldorf, zwei Fernmeldeämter in Düsseldorf sowie der Fachbereich Sicherheit/Sonderlösungen Militär in Bonn. Auf die Idee, auch den internen Ermittlungsdienst der Telekom in Hagen aufzusuchen, ist man bei der Staatsanwaltschaft in Köln jedoch nicht gekommen, obwohl dort

117

die wirklich interessanten Informationen zum Leitungsmißbrauch zu finden sind und auch schon Hinweise auf
die Existenz dieser Dienststelle in den Ermittlungsakten
vorhanden sind.

Es bleibt abzuwarten, ob die Staatsanwaltschaft in Köln
gegen die Telekom genauso eifrig ermitteln wird, wie gegen Einzeltäter. Auffallend ist jedoch, daß sich die Pres-
sestelle der Staatsanwaltschaft mit Aussagen zum Verfahren sehr zurückhält, obwohl das öffentliche Interesse
enorm ist.

Wichtiger ist jedoch die Frage, wie sich ein einzelner
Telefonkunde gegen Übergriffe von Hackern schützen
kann und wie es ihm möglich ist, seine Interessen auch gegenüber der Telekom durchzusetzen.

Grundsätzlich sollte jeder Telekomkunde einen Einzelverbindungsnachweis verlangen, egal ob es sich um ein
Privat-, Geschäfts- oder Funktelefon handelt. Anhand dieser detaillierten Aufstellung aller Gesprächsverbindungen
läßt sich ein möglicher Mißbrauch schnell feststellen. Bei
Unregelmäßigkeiten ist es ratsam, sofort eine Gebührenbeschwerde bei der zuständigen Rechnungsstelle zu erheben
und eine Überprüfung der Telefonleitung zu verlangen.
Wenn es während der Überprüfung keine Unregelmäßigkeiten oder Störungen gibt, diese jedoch sofort wieder
nach Ende der Kontrolle einsetzen, liegen möglicherweise
illegale Aktivitäten von Angestellten in der zuständigen
Vermittlungsstelle vor.

In solch einem Fall ist der Einsatz eines Kontroll-
gerätes, wie es beispielsweise von der Firma Swissphone
angeboten wird, sinnvoll. Ähnlich, wie bei dem von der
Telekom durchgeführten Zählervergleichsprotokoll läßt
sich mit diesem Gerät eine absolut lückenlose Dokumentation der geführten Telefonate erstellen. Auch eine ganze
Reihe von Manipulationen kann das Swissphonesystem erkennen.

Sollte durch die Telekom oder den Einsatz des Swiss-phonesystems eine Manipulation entdeckt werden, emp-fiehlt sich eine sofortige Anzeige wegen Betruges bei der zuständigen Kriminalpolizei. Sollte die Telekom das Über-wachungsprotokoll ohne das Anmerkungsblatt versenden, ist es ratsam, sofort Anzeige gegen die Verantwortlichen der Rechnungsstelle wegen Betruges zu erstatten.

6.

„Klassische" Mißbrauchsvarianten

Kreditkartenmißbrauch

Seit einigen Jahren halten Kreditkarten auch in deutsche Brieftaschen massiv Einzug. Die Werbung verspricht viel. Kreditkarten werden als Garanten für einen sicheren Zahlungsverkehr ohne lästiges Bargeld angepriesen und gelten mehr und mehr als Statussymbol, besonders in den edelmetallenen Versionen. Sicherlich sind Kreditkarten eine sinnvolle Ergänzung zum Bargeld, jedoch sind sie längst nicht so sicher, wie es die Werbung verspricht.

Längst hat es sich unter Gelegenheitsdieben und unter Drogenabhängigen, die ihre Sucht oft durch Beschaffungskriminalität finanzieren, herumgesprochen, wie man Kreditkarten mißbräuchlich nutzen kann. Zwar akzeptieren Dealer beim Erwerb von Suchtstoffen keine Goldkarte, wohl aber Tauschobjekte, die an Hehler weitergeleitet werden.

Daher ist es nicht verwunderlich, daß verlorene oder gestohlene Kreditkarten von den Tätern häufig für Einkäufe von Waren genutzt werden. Eine Sicherheitslücke im Abrechnungssystem kommt den Tätern dabei entgegen. Bei Einkäufen im Wert von unter 200,- DM wird keine Sicherheitsüberprüfung der Karte durchgeführt, sondern lediglich die Unterschrift geprüft, die durch eine geübte Hand schnell gefälscht werden kann.

Um dem Mißbrauch mit gestohlenen oder verlorenen Kreditkarten vorzubeugen, gehen die Kreditkarteninstitute mittlerweile dazu über, das Photo des Kunden auf die Karte zu drucken. Die Maßnahme ist genauso einfach wie wirksam. Da diese Mißbrauchsvariante für das Kreditkarteninstitut und den Kunden einfach erkennbar ist, zeigen sich die Institute meist sehr kulant. Somit entsteht dem Kunden in der Regel kein oder nur ein sehr geringer Schaden. Anders ist dies bei den wesentlich komplizierteren Betrugsvarianten, derer sich die Hacker bedienen.

Mailorderbetrug

Eine Hackergruppe aus Köln betreibt den Kreditkartenbetrug mit geradezu generalstabsmäßiger Präzision, so daß den ermittelnden Behörden kaum ein Verfolgungsansatz bleibt. Der Ablauf ist stets gleich. Der erste Schritt besteht im Ausspähen der persönlichen Daten eines Kartenbesitzers.

Nicht selten werfen Bankkunden die am Auszugsdrucker gezogenen Kontoauszüge achtlos in den Mülleimer, aus dem sie dann von dankbaren Hackern gefischt werden. Auf den Auszügen befindet sich neben der Adresse des Konteninhabers oft auch ein Hinweis auf eine dem Konto zugeordnete Kreditkarte. Die meisten Banken drucken bei einer Abbuchung des Kartinstituts sogar die komplette Kartennummer auf den Auszug. Die Auszugsdaten lassen außerdem Rückschlüsse auf das Kreditkartenlimit und die Solvenz des Kunden zu.

Der zweite Schritt besteht darin, die mögliche Belastungsgrenze (das Limit) der Karte zu ermitteln. Dies geschieht entweder via Modem bei einer ausländischen Niederlassung eines Kreditkarteninstituts oder manuell durch einen Anruf bei einem deutschen Operator. Bei einem Anruf benötigt der Täter allerdings die Kennung eines dem Karteninstitut angeschlossenen Händlers.

Eine Hackergruppe aus Köln bevorzugt die Variante des Anrufs bei einem Operator und bedient sich dabei der Händlerkennung eines Kölner Kaufhauses. Der Täter gibt sich als Mitarbeiter der Teppichabteilung aus und bittet um eine Solvenzbestätigung und um eine Vorbehaltsbuchung eines Betrages von beispielsweise 15.000,- DM. Wenn die Vorbehaltsbuchung bestätigt wird, weiß der Täter, daß eine Belastung in der genannten Höhe unproblematisch ist. Wenige Minuten später ruft er erneut den Operator des Karteninstituts an und storniert die Buchung.

Nachdem die Täter die Belastungsgrenze der Karte ermittelt haben, gehen sie zum dritten Schritt über, der Bestellung. Hilfreich ist den Tätern dabei eine neue Form des Versandhandels, die vor allem in England und Amerika sehr verbreitet ist. Bei diesem als Mailorder bezeichneten Versandweg nennt der Kunde seine Kreditkartennummer, die dann vom Händler über den Operatorservice des Karteninstituts überprüft wird. Sobald der Operator die Buchung bestätigt hat, wird die Ware versandt. Die Täter aus Köln bevorzugen den Erwerb von hochwertigen Bauteilen wie beispielsweise Speicherbausteinen oder Prozessoren. Diese sehr kleinen Bauteile sind sowohl sehr teuer als auch einfach abzusetzen, da sie über keine Seriennummer verfügen. Um ihre illegalen Aktivitäten vor den Ermittlungsbehörden zu verschleiern, bestellen die Täter ausschließlich im Ausland, vorwiegend in England.

Der neuralgische Punkt dieser Betrugsvariante ist die Warenübergabe, denn die Methode des Mailorderbetruges ist den Ermittlungsbehörden seit langem bekannt. Wenn der Kreditkartenbesitzer die unberechtigte Verfügung rechtzeitig bemerkt und Anzeige erstattet, haben die Ermittler noch die Chance, den Betrug zu verhindern. Daher haben die Täter ein besonderes Schutzsystem entwickelt, das sie „VoPo-Früherkennung" nennen.

Das System basiert auf einer doppelten Absicherung. Der Versand erfolgt nicht direkt an den Empfänger sondern quasi postlagernd an die Firma UPS. Mit dem Weitertransport werden entweder UPS oder eine Spedition beauftragt. Hilfreich ist es dabei für die Täter, daß ein Mitarbeiter der Sicherheitsabteilung von UPS mit zum Täterkreis gehört. Sollte der Transport also von Ermittlungsbeamten begleitet werden, wird die Ware am Übergabeort einfach nicht abgeholt. Der Übergabeort läßt keine Rückschlüsse auf den Empfänger zu, da es sich meist um die Adresse eines Gastronomiebetriebes handelt, der zum Übergabezeitpunkt noch nicht geöffnet hat. Um eine verhaftungsneutrale Übergabe auch für den Fall zu gewährleisten, daß es dem Mitarbeiter der Sicherheitsabteilung nicht möglich ist, rechtzeitig vor den Ermittlungsbeamten zu warnen, haben sich die Kölner Hacker einen besonders trickreichen Schutz einfallen lassen. Vor der Warenübergabe ruft einer der Täter nochmals den deutschen Operator des Kreditkarteninstituts an und versucht, die Karte erneut mit einem geringen Betrag zu belasten. Wenn der Kreditkartenmißbrauch bereits entdeckt wurde, wird ihm dies vom Operator mitgeteilt, der aufgrund der inzwischen erfolgten Kartensperrung die Buchung ablehnt und ein Alarmieren der Polizei anregt. Die unfreiwillige Warnung führt dazu, daß die Ware nicht abgeholt wird.

Daß sich vor dieser Betrugsvariante niemand schützen kann, mußte auch ein Minister des Landes Nordrhein-Westfalen erfahren, der ein Konto bei einer Bank in Düsseldorf unterhält. Über einen Einbruch via Modem verschaffte sich eine zweite Hackergruppe aus Köln Zugang zum Bankrechner und entwendete die vertraulichen Kon-

123

tounterlagen nebst Kreditkartennummer. Die Hackergruppe setzte bei einem Minister folgerichtig eine besondere Solvenz voraus und langte richtig zu. Der Minister
wunderte sich zurecht, als er auf seiner monatlichen Kreditkartenabrechnung eine unrechtmäßige Belastung für einen 20-Zoll-Monitor im Wert von mehr als 8.000,- DM
entdeckte.

Hacker machen Politik

Daß in der Politik mit sehr harten Bandagen gekämpft
wird, ist seit langem bekannt. Die wohl unverschämteste
Rufmordkampagne, die in der Politik denkbar ist, wurde
von einem Hacker aus Norddeutschland in Zusammenarbeit mit einem Journalisten eines Nachrichtenmagazins
entworfen. Der Journalist gelangte in den Besitz einer
Kreditkartenabrechnung eines hochrangigen Politikers und
übergab sie einem Hacker aus seinem Bekanntenkreis. Mit
Hilfe eines Spezialgerätes zum Beschreiben von Magnet-
karten erstellte der Hacker ein Duplikat der Karte. Das
Duplikat wollte der Journalist für Anrufe bei Sexrufnum-
mern für Homosexuelle nutzen. Die folgende Kreditkartenabrechnung sollte dann als Beweis für die entsprechende Veranlagung des Politikers dienen. Eine Kopie der
Abrechnung sollte dem Springer-Verlag zugespielt werden, um einen Skandal zu provozieren. Nach dem zu er-
wartenden Rücktritt des Politikers wollte der Journalist im
Rahmen seiner eigenen Tätigkeit für ein Nachrichtenma-
gazin den Vorgang aufdecken, den Springer-Verlag bloß-
stellen und das eigene Magazin durch die qualitativ hochwertige Recherche aufwerten. Der Hacker sollte zur Ver-
stärkung des Effektes behaupten, er sei von einem Mitarbeiter des Hauses Springer für diese Aufgabe bezahlt worden und habe nun Gewissensbisse. Seine Identität sollte

über das besondere Aussageverweigerungsrecht von Journalisten geschützt werden.

Magnetstreifenmanipulationen

Wie einfach Kreditkarten manipuliert und dupliziert werden können, wird deutlich, wenn man den Aufbau der Karte analysiert. Zwar sind die visuellen Merkmale auf der Vorderseite wie die Namensprägung, die Kreditkartennummer, das Hologramm und das nur unter Schwarzlicht erkennbare Firmenzeichen nur sehr schwer fälschbar, jedoch ist der auf der Rückseite der Karte angebrachte Magnetstreifen um so einfacher manipulierbar.

Der Magnetstreifen ist in drei Spuren unterteilt. Auf der ersten Spur sind die Kreditkartennummer, der Benutzername, die Gültigkeitsdauer sowie die kodierte Geheimnummer für Verfügungen am Geldautomaten sowie eine Prüfsumme enthalten.

Die zweite Spur enthält die gleichen Daten, mit dem Unterschied, daß sie nach einer anderen Methode gespeichert wurden und nicht den Benutzernamen enthalten. Die dritte Spur wird bei den meisten Kreditkarten nicht benutzt.

Um eine nicht mehr gültige Kreditkarte wieder zu reaktivieren, genügt es, die Gültigkeitsdauer auf dem Magnetstreifen der Karte zu verändern. Eine auf diese Weise manipulierte Karte wird zwar von einem Geldausgabeautomaten nicht mehr akzeptiert, kann dafür aber beispielsweise an Tankstellen oder bei Einkäufen von Waren im Wert von unter 200,- DM problemlos eingesetzt werden. Die Kartenmanipulation wird mit Hilfe eines Schreib-/

Lesegerätes für Magnetstreifen durchgeführt. Ein solches Gerät kann ohne Probleme von Privatpersonen erworben werden und kostet ca. 2.000,- DM.

Der einzige Weg, solche Mißbräuche zu vermeiden, ist, auch an Tankstellen oder bei Einkäufen die Eingabe einer Geheimnummer zu verlangen. Dies ist jedoch wegen der großen Anzahl der Geschäfte, die an das Abbuchungssystem der Kreditkarteninstitute angeschlossen sind, kaum umsetzbar.

EC-Kartenbetrug

Bei den im Vergleich zu Kreditkarten wesentlich sicherer aufgebauten EC-Karten ist eine Verfügung ohne Kenntnis der Geheimnummer nur eingeschränkt möglich. Dort wo eine Verfügung ohne PIN möglich ist, erfolgt ein emsiger Mißbrauch. Besonders betroffen sind Warenhäuser, die oftmals keine Online-Überprüfung der EC-Karten durchführen, sondern lediglich die auf der Karte enthaltene Bankleitzahl nebst Kontonummer als Einzugsermächtigung deklariert ausdrucken und den Beleg dann vom Kunden unterschreiben lassen. Dieser unglaublich leichtsinnige Umgang mit den EC-Karten führt derzeit zu betrügerischen Umsätzen, die sich lediglich im Promillebereich des Gesamtumsatzes der Kaufhäuser bewegen. Den Kaufhäusern sind die Hackerpraktiken durchaus bekannt, sie sehen jedoch derzeit keinen Handlungsbedarf. Die Kalkulation der Entscheidungsträger ist einfach: Solange die betrügerischen Umsätze die Kosten für eine Anschaffung und den laufenden Betrieb eines Online-Abrechnungssystems mit PIN-Eingabe nicht übersteigen, passiert nichts. Der Kunde, dessen EC-Karte mißbraucht wurde, fließt in diese Rechnung jedoch nicht mit ein. Schließlich sind es nicht die Entscheidungsträger der Kaufhäuser, die mit dem Ärger bei der Hausbank des Kunden konfrontiert werden. Zudem bemerkt nicht jeder Kunde, dessen Karte mißbraucht wurde, daß eine unberechtigte Lastschrift ausgeführt wurde. Auch dies nehmen die Entscheidungsträger billigend in Kauf. Indes nehmen es die Hacker gelassen und kleiden sich erst einmal vernünftig ein...

Die Geheimnummer befindet sich nicht auf der EC-Karte. Lediglich ein sogenannter PIN-Offsetwert ist auf der Karte gespeichert. Dieser Wert wird bei einer Verfügung vom Abbuchungsgerät eingelesen und dient als Grundlage für eine mathematische Operation, deren Ergebnis die Geheimnummer ist. Die EC-Karte ist somit das derzeit sicherste Zahlungsmittel im elektronischen Zahlungsverkehr. Ein Mißbrauch ist nur dann möglich, wenn es einem Täter gelingt, die Kartendaten auszulesen und gleichzeitig die Eingabe der Geheimnummer zu überwachen. Da allerdings jede Verfügung mittels EC-Karte beim zentralen Einzugsinstitut gespeichert wird, läßt sich eine solche Manipulation schnell ermitteln und der Ort des Auslesens feststellen, sofern dies von den Banken und den Ermittlungsbehörden ernsthaft angestrebt wird.

Das Ausspähen der Geheimnummer ist jedoch ausgesprochen einfach möglich, wie ein einfaches Beispiel zeigt: Der Täter sucht sich einen Kassierer und gibt ihm für jede mitgeschnittene Karte 100,- DM „Provision". Der Arbeitsaufwand des Kassierers ist gering, er braucht nur die EC-Karte des Kunden durch ein kleines Gerät zu ziehen, und schon hat er dessen Kartendaten gespeichert. Diese Aufgabe erledigt er in weniger als zwei Sekunden. Während er dies macht, schaut der Täter dem Kunden beim Eingeben der Geheimnummer zu. Er braucht dann nur noch anhand der gespeicherten Daten ein Duplikat der

Karte zu erstellen, und dann kann er dem armen Kunden in sein Portemonnaie greifen. Eine solche Karte bringt dem Täter einen Ertrag von bis zu 6.000,- DM. Während eines Tages ist es durchaus möglich, bis zu 30 Karten auszuspionieren. Das ergibt einen möglichen Reinerlös von 180.000,- DM abzüglich 3.000,- DM „Provision".

Wesentlich gemeiner geht eine Hackergruppe aus Köln vor, die zur Zeit in der Umgebung von Aachen ihr Unwesen treibt. Die Täter spionieren die Euroscheckkarten der Kunden direkt am Geldautomaten aus. Sie manipulieren dazu ganz einfach den Türöffnungsmechanismus der Bank. Der Kunde muß bei vielen Banken, bevor ihm Zutritt zum Geldautomaten gewährt wird, seine Karte durch ein Lesegerät ziehen. Dann erst öffnet sich die Tür. Noch bevor der Kunde den Geldautomaten erreicht hat, stehen seine Daten den Hackern bereits zur Verfügung. Eine kleine Funkkamera, die oberhalb der PIN-Tastatur angebracht ist, überwacht die Eingabe der Geheimzahl und überträgt sie an einen Videorecorder, der sich im Wagen der Täter befindet. Bisher wissen die ermittelnden Behörden noch nicht, wie die Hacker in den Besitz der Daten kommen, auch tappen sie hinsichtlich der Identität der Täter derzeit noch völlig im Dunkeln. Mit der Lektüre dieses Buches möge ihnen hoffentlich endlich eine Erleuchtungserfahrung zukommen, denn bisher besteht die strebsame Aufklärungsarbeit der Ermittlungsbehörden in der Regel lediglich darin, auf mögliche Täter im Freundes- oder Verwandtenkreis zu verweisen.

Die Geheimzahl der EC-Karte

Der für die Verschlüsselung der Geheimzahl auf der EC-Karte verwendete Code gilt derzeit noch als für den Laien nicht entschlüsselbar. Das Verschlüsselungssystem ist bekannt und kann in jeder guten Universitätsbücherei, die auch Normblätter führt, nachgelesen werden. Wie sicher dieser Code ist, wird deutlich, wenn man seine Entstehungsgeschichte beleuchtet.

Im Jahr 1968 veranlaßte das amerikanische Bureau of Standards, das seit 1965 damit beschäftigt war, die für den Ankauf und die Verwendung von Computern durch die Bundesregierung erforderlichen Normen festzulegen, eine Reihe von Untersuchungen über die von der Regierung zu verlangende Computersicherheit. Nach Abschluß dieser Untersuchungen beschloß das National Bureau of Standards, nach einer Verschlüsselungsmethode, das heißt nach einem Zahlensystem zu suchen, das im ganzen Bereich der Regierungsbehörden als Norm für die Aufbewahrung und Weitergabe nicht geheimer Daten dienen konnte. Der Auftrag für die Erstellung eines solchen, auf Zahlenkombinationen beruhenden Verschlüsselungssystems erging im Mai 1973.

Der Zeitpunkt hätte für IBM nicht günstiger gewählt werden können, denn nun konnte das Unternehmen das von ihm entwickelte Lucifer-Chiffrensystem zum Verkauf anbieten. Lucifer bestand praktisch aus einem nur daumennagelgroßen Silikonchip mit einem extrem komplexen integrierten Schaltkreis und war die kleinste Chiffriermaschine, die bis dahin hergestellt worden war. Der Schlüssel bestand aus einer langen Reihe von Bits, und die Kombination konnte für jeden Benutzer verändert werden, so wie die Einkerbungen an den Haustürschlüsseln für Sicherheitsschlösser in jedem einzelnen Fall verschieden sind.

Ebenso wie der Haustürschlüssel in das Schloß paßt, so paßt der Chiffrenschlüssel in eine Reihe von acht „S-Boxes". Das sind superkomplexe mathematische Formeln, die, wenn sie mit dem richtigen Schlüssel kombiniert werden, unverschlüsselte Daten in nicht dechiffrierbare Bits verwandeln und auf der anderen Seite den Vorgang umkehren können.

Ebenso wie eine größere Anzahl von Einkerbungen an einem Sicherheitsschlüssel es dem Einbrecher erschwert, das Schloß zu öffnen, werden die Chancen für eine erfolgreiche Kryptoanalyse mit der Anzahl der Bits immer geringer. Aus diesem Grund entwickelte IBM für das Chiffrensystem Lucifer einen Schlüssel mit zunächst 128 Bits. Aber bevor das Unternehmen sein Angebot dem National Bureau of Standards vorlegte, brach es von dem Schlüssel mehr als die Hälfte ab.

Von Anfang an hatte die Sicherheitsbehörde NSA sehr großes Interesse für das Projekt Lucifer gezeigt. Sie hatte sogar indirekt an der Entwicklung der Struktur der Permutationstabellen mitgearbeitet. Zum ersten Mal in ihrer langen Geschichte hatte es die NSA innerhalb des eigenen Landes mit einem Konkurrenzunternehmen zu tun. Die Konkurrenten waren keine Amateure mehr, sondern hochqualifizierte Akademiker, denen unbegrenzte Geldmittel zur Verfügung standen und denen es bei ihrer Arbeit mehr auf Perfektion als auf Geschwindigkeit ankam.

Aus der Perspektive der NSA waren die sich aus dieser Lage ergebenen Gefahren durchaus real. Jahrelang war die NSA zunehmend abhängig von dem sich ständig verstärkenden Strom von Daten gewesen, die unsichtbar über das internationale Fernmeldenetz flossen. Die Atmosphäre war erfüllt von Botschaften über die Erdölförderung im Nahen Osten, finanziellen Transaktionen in den europäischen

Ländern und den Handelsstrategien der Japaner. Um die wichtigsten wirtschaftlichen Daten einzufangen, brauchte die NSA nur ihr elektronisches Netz auszuwerfen und einzuziehen.

Die gleiche oder noch größere Bedeutung hatten die diplomatischen und militärischen nachrichtendienstlichen Erkenntnisse aus der Dritten Welt. Die Funksprüche aus Afrika, Südamerika und Asien waren zum größten Teil auf veralteten, billigen und relativ primitiven Geräten verschlüsselt worden und konnten daher von der NSA ohne Schwierigkeiten entschlüsselt werden. Gelegentlich fing sich in dem großen Netz auch ein kostbares Juwel, wie der Bericht eines diplomatischen Vertreters aus der Dritten Welt an sein Außenministerium oder der vertrauliche Gedankenaustausch mit einem sowjetischen oder chinesischen Gesprächspartner. Die Entwicklung und verbreitete Anwendung eines preiswerten, sehr sicheren Datenverschlüsselungsgerätes drohte den von der NSA mit ihrem elektronischen Netz befischten Strom austrocknen zu lassen.

Nach vertraulichen Verhandlungen mit der NSA erklärte sich IBM bereit, die Anzahl der Bits bei ihren Schlüsseln von 128 auf 56 zu reduzieren. Außerdem verpflichtete sich das Unternehmen, gewisse Einzelheiten über die Auswahl der Permutationstabellen geheimzuhalten. Nachdem die Gesellschaft dem Bureau of Standards das inzwischen verstümmelte Chiffrensystem vorgelegt hatte, übergab das Büro die Unterlagen der NSA zur eingehenden Analyse. Die NSA bestätigte, daß der Zahlenschlüssel frei von statistischen oder mathematischen Mängeln und Schwächen sei und empfahl ihn als beste Wahl für ein von der Regierung zu verwendendes Datenverschlüsselungssystem (Data Encryption Standard - DES).

Wie lange es dauert, einen Code zu brechen, hängt von der Länge des Schlüssels ab. Für einen Schlüssel mit 56

Bit gibt es etwa 70 Trillionen mögliche Kombinationen. Verwendet man aber einen Computer mit einer Millionen Spezialchips, die in der Lage sind, pro Sekunde eine Billion möglicher Schlüssel zu testen, dann könnten alle für die Schlüssel vorhandenen Möglichkeiten in 70.000 Sekunden, das sind etwas weniger als 20 Stunden, erprobt werden.

Durchschnittlich müßte man jedoch nur die Hälfte der möglichen Schlüssel testen, bevor man den passenden Schlüssel findet. Die Suche nach dem richtigen Schlüssel würde deshalb weniger als einen halben Tag dauern. Soweit die Theorie, in der Praxis bräuchte ein handelsüblicher Pentium-PC etwa 250 Jahre, um den 56 Bitschlüssel des DES durch „Ausprobieren" (brute-force-attack) zu entschlüsseln.

Am 15.7.1977 wurde das genormte Verschlüsselungssystem DES als offizielle zivile Chiffre für die Regierungsbehörden eingeführt, und ein halbes Dutzend Firmen stellte es für die Privatindustrie her. In Deutschland wurde das DES-System Anfang der 80er Jahre unter der Bezeichnung DEA-Verschlüsselungssystem in die DIN-Norm aufgenommen.

Wenn man die Entstehungsgeschichte des bei dem Verschlüsseln der PIN einer EC-Karte verwendeten DES-Schlüssels sowie die entsprechenden öffentlichen Verlautbarungen kennt, scheint der DES ausgesprochen sicher zu sein. Wie er entgegen der offiziellen Desinformation gebrochen werden kann (und auch schon wurde), steht im Anhang unter „Kryptologie für Mathematik-Interessierte".

Hacker handeln häufig nach dem Motto „Warum so kompliziert, Hacken ist doch eigentlich ganz einfach - wenn man die Hintertürchen eines Systems kennt..." So ist es nicht verwunderlich, daß in Hackerkreisen nach einem Weg gesucht wurde, um EC-Karten etwas effektiver zu knacken. Leider wurden die Täter fündig.

Entgegen der jüngsten Beteuerungen von Bankenvertretern in der Öffentlichkeit ist auf der EC-Karte sehr wohl das „Kochrezept" der PIN-Nummer in Form von „Offset"-Werten enthalten. Diese Offset-Werte erlauben es einem Geldautomaten, der nicht an eine Zentrale angeschlossen (online) ist, die Geheimnummer zu ermitteln. Natürlich müssen sie dafür über den passenden DES-Poolschlüssel verfügen. Dieser Schlüssel ist im Sicherheitmodul („Blackbox") der Geldautomaten enthalten und wird bei Geräten neuerer Bauart sofort gelöscht, wenn jemand versucht, es zu öffnen. Bei Geräten älterer Bauart ist es jedoch möglich, die Blackbox vom Stromkreis zu trennen - ohne daß der Inhalt gelöscht wird. So geschehen in Berlin, wo eine Hackertruppe in den Besitz einer Blackbox geraten ist. Die Berliner Hacker haben es nunmehr ausgesprochen einfach, wenn sie eine PIN-Nummer suchen: Sie senden einfach der modifizierten Blackbox alle 9.999 möglichen Schlüssel und warten auf ein positives Signal - und schon sind sie im Besitz der gültigen Geheimnummer. Dieser Vorgang dauert nur zwischen zwei und neun Minuten. Die Versuche der Berliner Hackertruppe laufen derzeit in eine Richtung, die den Banken eigentlich die Schweißperlen auf die Stirn treiben müßte: Sie versuchen derzeit, „eigene" EC-Karten anhand von ausgespähten Kontoverbindungen zu generieren und mittels selbst erstellter Offset-Werte „eigene" PIN-Nummern zu vergeben. Sollten ihre Bemühungen von Erfolg gekrönt sein, haben sie theoretisch Zugriff auf jedes deutsche Girokonto - sofern dafür eine EC-Karte existiert.

Das „MM-Modul"

Die Erkennung von gefälschten EC-Magnetkarten ist eigentlich nicht besonders schwer, und die dazu benötigte Technik ist in Deutschland längst in nahezu jedem Geldautomaten installiert und hört auf den Namen „MM-Modul". Dieses Modul muß nur aktiviert sein...

Das MM-Verfahren („Moduliertes Merkmal") wurde von der Gesellschaft für Automation und Organisation in München ursprünglich entwickelt, um Eurocheques in Verbindung mit der Scheckkarte automatisch einlösen zu können. Seit 1982 wird es jedoch auch in deutschen Geldautomaten installiert. In Hackerkreisen kursieren die wildesten Gerüchte über den Aufbau dieses Schutzsystems, und nur wenigen Hackern ist der tatsächliche Aufbau bekannt. Dabei läßt sich die Funktionsweise dieses fälschungssicheren Kennzeichens äußerst simpel ermitteln: Wenn man eine alte EC-Karte erwärmt und genau in der Mitte längsseitig auftrennt, wird im unteren Drittel der Karte eine streifenartige Struktur sichtbar, die ähnlich wie ein Barcode-Streifen aufgebaut ist und beim einfachen Durchleuchten der Karte nicht entdeckt werden kann. Der Streifen besteht aus unterschiedlichen Materialien, die jeweils anders auf elektrischen Strom reagieren. Einige Bits werden auf diese Weise „hardwarekodiert" und können von der MM-Box (funktional praktisch ein HF-Oszillator) kapazitiv gelesen werden.

Die Abtastelektronik muß Kapazitätsunterschiede von weniger als einem Picofarad erkennen können und ist daher sehr störungsanfällig. Sobald ein Defekt auftritt, wird das MM-Modul per Fernwartung abgeschaltet, um die Kunden nicht zu verärgern. Dann allerdings akzeptiert das Gerät auch jede duplizierte Karte. Zwar verfügt die EC-

Karte auch über weitere fälschungssichere Merkmale wie beispielsweise das Hologramm, die einen Mißbrauch erschweren sollen. Diese Merkmale werden jedoch von Geldautomaten in der Regel nicht abgefragt.

7.

Electronic-Mobbing:
Hacker im Büro!

Wie bringt man einen unliebsamen Mitarbeiter zur Verzweifelung? Wie treibt man einen verhaßten Kollegen in den Herzinfarkt? Wie sägt man fachgerecht am Stuhl des Vorgesetzten, wenn man selbst auf selbigen Platz nehmen möchte? Diese Disziplinen der modernen Büro-Olympiade definieren den Begriff „Mobbing". Mit Hilfe des Computers lassen sich diese Hürden auf dem Weg zur ganz großen Karriere problemlos meistern.

Kleine Fehler

Hinweise auf die Aktivitäten eines Hackers mit boshaften Mobbing-Absichten ergeben sich meist aus kleinen, dem Normalanwender oft unerklärlichen Fehlern. Mal verschwinden einfach die Programme aus der Windows-Oberfläche, mal stürzt das Netzwerk ab, oder irgendwelche Programme spielen aus unerfindlichen Gründen „verrückt". Besonders, wenn sich die Fehler in einem vorher problemlos gelaufenen Netzwerk häufen oder wenn die Fehler bei einem einzigen Mitarbeiter auftreten, ist Vorsicht geboten. Ziel eines solchen Angriffes ist es, den Glauben in die Fähigkeiten des betroffenen Mitarbeiters so weit zu demontieren, daß am Ende dadurch seine Entlassung ausgelöst wird.

Eine typische Verhaltensweise von Hackern bei der Arbeit ist die langsame Steigerung der „Störeffekte". Zunächst reicht dem Hacker vielleicht ein einfaches Ärgern des Kollegen aus. Mit dem Erkennen seiner „Macht" über die Arbeitsabläufe in seiner Abteilung oder gar der ganzen Firma wächst das Verlangen nach intensiverer Befriedigung der Gelüste. Am Ende der Aktionskette steht oftmals ein massiver Terroranschlag auf die Datenbestände.

Besonders die langsame Steigerung der Terroraktionen ermöglicht es einem Netzwerkverantwortlichen, frühzeitig die Hackeraktivitäten zu erkennen und rechtzeitig Gegenmaßnahmen einzuleiten. Ein Hacker fühlt sich in der Regel sehr sicher vor Entdeckung und überschätzt seine eigenen Fertigkeiten im Umgang mit Computern maßlos. Gerade diese Arroganz ist seine schwache Stelle, wenn man seine Tricks kennt.

Böse Tricks

Je komplexer ein System ist, desto anfälliger ist es für Angriffe. Dies gilt besonders auch für die Betriebssystemumgebung DOS mit der Benutzeroberfläche Windows. So glauben die meisten Büroanwender ihren Computer schon geschützt, wenn sie den Arbeitsplatz verlassen und einen Bildschirmschoner mit integrierter Paßwortfunktion aufrufen. Weit gefehlt: Eine einfache Eingabe der Tastenkombination „<ALT> <STRG> <ENTF>„ genügt schon, um den Bildschirmschoner zu unterbrechen. Danach genügt ein Druck auf die „Return"-Taste und schon ist das System offen für Manipulationen. Vielen Netzwerkverantwortlichen ist diese Sicherheitslücke bekannt, und sie konfigurieren die Benutzersysteme so, daß sie nur ein oder mehrere ausgewählte Programme benutzen können. Sicherheitsrelevante Programme oder Benutzeroptionen von Windows wie beispielsweise die „DOS-Box" oder der Dateimanager bleiben den Anwendern versperrt. Auch für diesen Fall wissen Hacker eine „Hintertür": die „OLE"-Funktion von Windows, die das verdeckte Ausführen eines Programms unter der Umgehung aller Restriktionen ermöglicht.

Beispiel MS-Word: Unter dem Menüeintrag „Einfügen" findet der kundige Benutzer die Option „Objekt". Wählt er diese aus, so kann er unter der Option „Objekttyp" das Einfügen eines Objektes mit der Eigenschaft „Paket" auswählen. Unter dem Menüeintrag „Bearbeiten" kann er nun den Auswahlpunkt „Befehlszeile" markieren, der ihm das Ausführen eines beliebigen Programms wie beispielsweise den Dateimanager „WINFILE" erlaubt. Diese Variante funktioniert sogar im für seine Sicherheit so gerühmten Windows-NT. Sobald ein Hacker einen freien Zugang zum System hat, stehen ihm ungezählte destruktive Optionen zur Verfügung.

Besonders empfindlich sind die „INI"-Dateien, welche Windows die erforderlichen Schalter für den Systemstart und das Ausführen von Programmen liefern. Manipulationen an den INI-Dateien sind nur sehr schwer zu entdecken, da sie für den Laien sehr unübersichtlich sind. So bewirkt beispielsweise das Anhängen des Zeichens „ASCII-255" an den Eintrag „SHELL=PROGMAN.EXE" der Datei „SYSTEM.INI" ein sofortiges Beenden von Windows direkt nach dem Start. Selbst eine oberflächliche Überprüfung der Datei „SYSTEM.INI" hilft in diesem Fall nicht weiter, da dieses Zeichen unsichtbar ist. Auch eine einfache Manipulation der Datei „WIN.INI" führt zu verheerenden Ergebnissen. Löscht man beispielsweise aus dem Eintrag „PROGRAMS=..." die Zeichen „EXE", so startet Windows zwar, jedoch ist ein Starten der meisten Windows-Programme nicht mehr möglich. Über die Funktionen „LOAD=„ und „RUN=„ ist das Blockieren einzelner Windows-Anwendungen sowie das Plazieren eines Trojanischen Pferdes möglich.

Besonders verdächtig sind Windows-Dokumente, die vorher nicht Bestandteil des Datenbestandes waren. Bei ihrem Aufruf kann ein Makrovirus gestartet werden, das ähnlich wie ein Trojanisches Pferd Daten manipuliert, ausspäht oder zerstört. Makroviren tauchen besonders häufig in der Textverarbeitung Winword auf, die über eine sehr leistungsstarke Makro-Programmiersprache verfügt. Die einfachste Technik der Einbindung eines Virus in ein Winword-Textdokument erfolgt über die Funktion „Auto-Open". Sobald ein Benutzer das Dokument aufruft, wird das zugehörige Makro ausgeführt. Vielen Netzwek-Administratoren ist diese Form der Virusprogrammierung bereits bekannt, und sie setzen den INI-Schalter „AutoMakroUnterdrücken 1", um ein automatisches Ausführen eines Virusprogramms zu unterdrücken.

Niemand ist vor Attacken eines Mobbing-Hackers wirklich sicher. Lediglich eine ständige Kontrolle der eigenen Systemumgebung kann vor entsprechenden unerwünschten Überraschungen schützen. Sobald der Verdacht auf eine Fremdmanipulation des Arbeitsplatzrechners besteht, lohnt sich ein Gespräch mit dem Systemadministrator sowie dem direkten Vorgesetzten. Meistens handelt es sich bei einer Attacke des „ersten Stadiums" um den Racheakt eines Mitarbeiters, dem man kurz zuvor „auf den Schlips getreten" ist. Dadurch läßt sich der Kreis der Verdächtigen schon im Vorfeld sehr stark eingrenzen.

8.

Genhacker

Eines haben Hacker mit Gentechnikern gemeinsam: Sie sind der Öffentlichkeit reichlich suspekt. Wenn sich jedoch Computerhacker in der Genmanipulation versuchen, erscheint dies wie Science Fiction nach der Art von Steven Spielberg. Leider handelt es hierbei nicht um eine Hollywoodphantasie, sondern um die Realität. Mit welch simplen Tricks jeder zum Hobbybiologen avancierte Computerhacker in den Erbkreislauf von Pflanzen und Tieren eingreifen kann, wird nachstehend beschrieben. Vorher bedarf es jedoch noch einer kleinen Einführung in die Welt der Gene.

Aus der Welt der Gene

Angefangen hat alles im Augustinerkloster Brünn in Böhmen, wo sich der Mönch Gregor Mendel zum Leidwesen seiner Betbrüder mehr mit seinem Garten als mit den Bibelstunden beschäftigte. Er entdeckte bei Kreuzversuchen mit Erbsen eine Regelmäßigkeit bei der Vererbung des Blütenfarbstoffes, aus denen er die bis heute gültigen Mendelschen Vererbungsregeln ableitete. Die genauen Mechanismen der Vererbung vermochte Mendel jedoch nicht zu beschreiben, dies gelang erst sehr viel später.

140

Der Schweizer Chemiker Friedrich Miescher stieß 1869 bei der Analyse von Zellkernen auf eine bis dahin unbekannte Verbindung. Sie war weder ein Eiweißstoff, noch zählte sie zu den fett- oder fettähnlichen Stoffen oder den reinen Zuckern. Miescher hatte sie im Zellkern (Nukleus) gefunden und nannte sie daher Nukleine. Erst 80 Jahre später entschlüsselten James Watson und Francis Crick in Cambridge die Struktur des Zellkerns und entdeckten dabei die Grundsubstanz allen Lebens, die Desoxyribonukleinsäure (DNS). Die DNS ist in jeder organischen Zelle enthalten, in Bakterien ebenso wie in Pflanzen, Tieren und beim Menschen. Das Grundprinzip ihres Aufbaus ist dabei immer dasselbe.

Die Gentechnik ist keine eigene Wissenschaft, sondern vielmehr eine Arbeitsmethode im Labor, die bestimmten Gesetzmäßigkeiten unterliegt. Sie ist zwar der folgenschwerste, aber nicht der einzige Schritt hin zu einer synthetischen Biologie. Ihr zur Seite stehen zahlreiche zellbiologische Verfahren, mit denen sich einzelne Zellen massenweise vermehren lassen, Embryonen von Säugetieren verschmolzen werden können oder manipulierte Pflanzenzellen wieder zu vollständigen Gewächsen heranwachsen. Auch Fortpflanzungstechniken wie die Befruchtung außerhalb des Körpers oder die Tiefkühllagerung von Samen, Eizellen und Embryonen gehören dazu. Die Verbindung dieser Techniken ermöglicht erstmals die gezielte genetische Manipulation aller Lebewesen. Die Gentechnik könnte in mehr Lebensbereiche unseres Alltags eindringen und sie verändern als je eine andere Technik zuvor.

Die Molekularbiologie ist, mehr als jede andere Naturwissenschaft derzeit, zu einem harten Geschäft geworden. In der Hoffnung, den wissenschaftlichen Erfolg mit der ökonomischen Ausbeute verbinden zu können, haben viele Wissenschaftler schon wenige Jahre nach den ersten genetischen Versuchen eigene Firmen gegründet. Einer dieser Jungunternehmer war Herbert Boyer, der die Firma Gentech gründete. Er entwickelte das erste marktreife Produkt, das mit gentechnischen Methoden hergestellt wurde. Er isolierte zunächst das menschliche Insulin-Gen und vermehrte es. Dann schnitt er die Plasmid-DNS eines Bakteriums auf, fügte das neue Genkonstrukt ein und schleuste das Plasmid in einen speziellen Colibakterienstamm ein. Auf diese Weise zwang er die Mikroben und ihre Nachkommen dazu, menschliches Insulin herzustellen.

Der amerikanische Pharmakonzern Eli Lilly kaufte das Verfahren und brachte 1982 das erste gentechnische Medikament auf den Markt. Die Produktion findet in sogenannten Fermentern statt, überdimensionalen Kesseln, den schnellen Brütern der Gentechnik. In ihnen vermehren sich die Bakterien innerhalb weniger Stunden explosionsartig. Optimale Nährstoffversorgung und konstante Temperaturen sorgen für eine derart beschleunigte Zellteilung, daß aus wenigen Millilitern im Labor manipulierter Bakterien innerhalb weniger Stunden mehrere Kubikmeter werden. Anschließend wird die Bakteriensuppe abgetötet und das in den Bakterienzellen enthaltene Insulin gewonnen und weiterverarbeitet.

In Deutschland hält das Eli-Lilly-Insulin derzeit einen Anteil von 20 Prozent auf dem Insulinmarkt. Daher ist es nicht verwunderlich, daß sich auch die hiesigen Pharmakonzerne auf diesen neuen Markt konzentrieren. Im September 1984 beantragte der Chemiekonzern Hoechst als erster deutscher Hersteller die Inbetriebnahme einer Versuchsanlage zur Produktion von Humaninsulin in Bakterienzellen.

Mittlerweile sind eine stattliche Zahl von Hormonen, Wuchsstoffen, Eiweißen des Blutes und Interferone auf ähnliche Weise hergestellt worden. Die Liste wird fast täglich länger. Einige Präparate befinden sich schon auf dem Markt, andere noch in der klinischen Erprobung oder im Entwicklungsstadium. So war zum Beispiel das menschliche Wachstumshormon bis vor wenigen Jahren ein sehr seltenes Produkt. Es ließ sich synthetisch nicht herstellen, sondern nur aus der Hirnanhangdrüse Verstorbener gewinnen. Die so erhaltenen Mengen reichten gerade aus, um einige wenige Menschen zu behandeln, die unter einem Wachstumshormonmangel litten. Nach dem gleichen Schema wie beim Insulin werden auch die Wachstumshormone heute gentechnisch produziert.

Da Wachstumshormone nicht nur die Körpergröße beeinflussen, sondern noch viele andere Funktionen im Körper steuern, kommen sie für die Therapie verschiedenster Krankheiten in Frage. Nicht nur während der kindlichen Wachstumsphase, sondern auch nach hohen körperlichen Anstrengungen werden im Körper Wachstumshormone ausgeschüttet. Man vermutet daher, daß sie Fett aus den Fettzellen freisetzen, um es so dem Körper zur Energiegewinnung zugänglich zu machen. Aus diesem Grund hoffen einige Pharmkonzerne, aus diesen Hormonen die Schlankheitspille der Zukunft entwickeln zu können.

Auch beim Alterungsprozess könnte das Wachstumshormon eine wichtige Rolle spielen, denn ältere Menschen produzieren wesentlich weniger davon als junge. Kinder, die unter einem Mangel an Wachstumshormonen leiden, altern wesentlich schneller. Daher vermutet man, daß einige Veränderungen im Alter von der reduzierten Menge an Wachstumshormonen abhängen. Ob Wachstumshormone jedoch der Jungbrunnen von morgen sein werden, ist fraglich, denn sie sind leider auch für die schnelle Teilung von Krebszellen verantwortlich, wie eine Studie aus Heidelberg zeigte.

Die Landwirtschaft wird in naher Zukunft nach Meinung vieler Experten die radikalsten Veränderungen durch die Gentechnik erleben. Neue Pflanzensorten, die noch höhere Erträge bringen, resistent gegen Schädlinge sind und sich selbst düngen, stehen auf der Wunschliste. Tiere sollen schneller wachsen, mehr Milch geben und zu lebenden Biofabriken umfunktioniert werden. Mikroorganismen mit Giftgenen werden vermeintliche Schädlinge bekämpfen oder Pflanzen vor Frost schützen. Verseuchte Böden und vergiftetes Grundwasser möchte man mit Hilfe von gefräßigen Einzellern sanieren.

So atemberaubend schnell wie sich die Anwendungsmöglichkeiten der Gentechnik entwickelten, ist auch ihre Kommerzialisierung vorangeschritten. Pharmakonzerne rufen derzeit weltweit massiv bio- oder gentechnologische Forschungsabteilungen ins Leben. Einen weiten Vorsprung haben derzeit amerikanische Firmen. Allein 1.400 rein auf die Forschung konzentrierte Laborfirmen wurden dort in den letzten Jahren gegründet, und im Gegensatz zu den Garagenfirmen der Computerindustrie ist erst ein gutes Dutzend von ihnen pleite gegangen oder aufgekauft worden.

Auch Deutschland engagiert sich mit seiner Industrie in Sachen Gentechnik seit Anfang der 80er Jahre und gibt dafür etwa 200 Millionen Mark jährlich aus. Die Bundesregierung hat die angewandte Biologie inzwischen zu einer Schlüsseltechnologie für das kommende Jahrtausend erklärt. Das Bundesministerium für Forschung und Technologie stellt pro Jahr zusätzlich rund 250 Millionen Mark für gentechnische Projekte zur Verfügung.

Die Forschung konzentriert sich dabei auf vier Genzentren in Köln, München, Heidelberg und Berlin. Die Chemiefirmen Bayer, BASF, Hoechst, Schering, Wakker-Chemie und Merck sind jeweils mit von der Partie und finanzieren entweder direkt einzelne Forschungsvorhaben oder tragen zum allgemeinen Forschungsetat bei. Im Gegenzug erhalten die Firmen die wissenschaftlichen Erkenntnisse, oder es werden praktisch „nebenbei" Wissen-

schaftler ausgebildet, die später von der Industrie übernommen werden.

Wo auch immer das Für und Wider der Gentechnik dis-
kutiert wird, weckt der Name Gruinard Island Alpträume.
Die Insel liegt nur wenige Kilometer vor der schottischen
Westküste. Gruinard ist bis heute unbewohnt geblieben.
Ein Warnschild verkündet „Keep out", Zutritt verboten.
Unterzeichnet ist die Warnung mit „M.O.D. - Ministry of
Defense", dem britischen Verteidigungsministerium. Rund
um die Insel sind ebenfalls Warnschilder angebracht, und
auch Piloten dürfen beim Überfliegen der Insel eine vorge-
schriebene Mindesthöhe nicht unterschreiten. Zutritt erhal-
ten nur Spezialisten für Entgiftungsarbeiten, die sich mit
Sicherheitsanzügen schützen müssen. Denn seit mehr als
40 Jahren ist der Ort verseucht.

In den Jahren 1941 und 1942 hat hier die britische Armee biologische Bomben getestet, die Milzbrandbakterien
versprühten. Über die Atemwege oder kleine Hautrisse
aufgenommen, lösen die mikroskopisch kleinen Mikroorganismen bei Menschen eine Lungenkrankheit aus, die innerhalb von wenigen Tagen zum Tod führt. Auch noch
vierzig Jahre nach ihrer Freisetzung haben die Bakterien
kaum etwas von ihrem tödlichen Potential verloren. Obwohl die Armee das Testgelände auf der Insel Anfang der
80er Jahre mit Millionen Litern Formaldehyd desinfizierte,
gilt sie immer noch nicht als sicher.

Die Bakterienbomben kamen im Zweiten Weltkrieg nie
zum Einsatz. Aus Angst vor Vergeltung durch die deutsche Wehrmacht blieb es bei den Versuchen in Schottland.
Eine Fernsehsendung der BBC machte 1981 erstmals eine
breite Öffentlichkeit auf die verseuchte Insel aufmerksam.
Die geplanten Angriffsziele für die Biobomben waren
Aachen, Berlin, Frankfurt am Main, Hamburg, Stuttgart
und Wilhelmshaven. Hätte man die Bakterienbomben
beim Fronteinsatz explodieren lassen, wären Zehntausende

von Zivilisten durch die Milzbranderreger getötet worden, und die Städte wären wahrscheinlich noch heute so unbewohnbar wie Gruinard-Island. Niemand ahnte damals, wie überlebensfähig die Bakterien sind. Daß sie Sporen bilden, die ihnen das jahrzehntelange Überleben ermöglichen, war nicht vorhergesehen worden. Es ist auch eher ein Zufall, daß die Mikroben lediglich den Boden der Insel verseuchten und nicht weiter verbreitet wurden. Gruinard ist inzwischen zum Synonym für die unbekannten Risiken geworden, die beim Experimentieren mit gentechnisch veränderten Organismen der Umwelt drohen.

Die zur biologischen Kriegführung geeigneten Milzbrandbakterien sind nicht die einzigen Organismen, die zu irreparablen Schäden in der Umwelt führen. Die Liste der Lebewesen, die, in einer für sie fremden Umgebung freigesetzt, schwerwiegende Veränderungen im ökologischen Gleichgewicht hervorriefen, ist lang.

Um die Jahrhundertwende gelangte ein aus Asien stammender Pilz, der den Kastanienrindenkrebs verursacht, nach Nordamerika. Bis 1940 hatte er dort nahezu alle Kastanienbäume ausgerottet. In seinen asiatischen Ursprungsländern schadet er den Bäumen nur wenig, da sie eine natürliche Resistenz gegen den Pilz entwickelt haben. Für die amerikanischen Bäume stellte er jedoch eine vollkommen neue, überraschende Gefahr dar.

Auch das Bakterium, daß an Zitrusbäumen den Zitrusbrand auslöst, wurde aus Japan nach Amerika eingeschleppt. Nur durch das Verbrennen von 20 Millionen Bäumen konnte die Pflanzenkrankheit nach langem Kampf scheinbar endgültig ausgerottet werden. Allerdings brach der Zitrusbrand 1984 erneut in einer der größten Baumschulen Floridas aus. Wieder mußten Millionen Bäume und Sämlinge vernichtet werden. Ob die Zitrusbrandbakterie ein für alle mal besiegt werden konnte, bleibt zweifelhaft.

Auch höher entwickelte Lebewesen sind kaum mehr unter Kontrolle zu bringen, wenn sie einmal in eine neue Umgebung entwichen sind. Das bekannteste Beispiel dafür ist die texanische Killerbiene. Es handelt sich dabei um Nachkommen einer besonders aggressiven Art von afrikanischen Bienen, die zur Kreuzung nach Brasilien geholt wurden. Als 1956 versehentlich 26 Bienenkolonien samt Königinnen entwichen, kreuzten sie sich unkontrolliert mit einheimischen Artgenossen und setzten zur Eroberung des ganzen Kontinents an. Im Gegensatz zu den europäischen Bienen gehen diese neuen Arten sofort zum Angriff über, wenn sie sich gestört oder bedroht fühlen.

In Australien haben die von den Engländern eingeführten Kaninchen keine natürlichen Feinde und konnten sich daher zur Plage entwickeln. Eigentlich hätte diese Misere den australischen Bauern eine Lehre sein sollen, doch sie setzten weiter auf unkontrollierbare Eingriffe in das Ökosystem. Sie führten 1935 eine südamerikanische Kröte zur Bekämpfung des Zuckerrohrkäfers ein. Diese Kröte frißt praktisch alles, was ihr in den Weg kommt. Ihr fallen im großen Ausmaß Insekten, Frösche, Eidechsen, Schlangen, Mäuse und Ratten zum Opfer. Wenn sie sich bedroht fühlt, verspritzt die Kröte ein Gift, das selbst Hunde und Hauskatzen tötet. Der Nachwuchs der Kröten ist beträchtlich. Zweimal im Jahr legen die Weibchen jeweils bis zu 30.000 Eier, ihre Lebenserwartung liegt bei bis zu 16 Jahren. In dem Maße, wie sich die Kröte ausbreitet, verschwinden einheimische Eidechsen, Schlangen und kleine Beuteltiere.

Angesichts dieser eher einfachen Eingriffe in das ökologische System mit verheerenden Folgen für die Umwelt fällt es schwer, an die Beherrschbarkeit der Gentechnologie zu glauben. Die Gefahren werden von den vorwiegend profitorientierten Pharmakonzernen systematisch heruntergespielt. So ließ sich die Deutsche Forschungsgemeinschaft beispielsweise zu folgender Aussage hinreißen: „Seit 15 Jahren wird weltweit in jetzt mehr als 10.000 Laboratorien mit neukombinierter DNA experimentiert, ohne daß je ein einziger Fall einer Gefährdung von Experimentatoren oder Umwelt bekannt geworden wäre. Diese vollständige Unfallfreiheit beim Arbeiten mit rekombinanter DNS spricht für die Ungefährlichkeit dieser Technik und dafür, daß besondere Risiken nicht existieren."

Dabei ist der Deutschen Forschungsgemeinschaft wohl entgangen, daß einer der schwersten Unfälle, der bei Versuchen mit gentechnisch veränderten Organismen denkbar ist, bereits stattgefunden hat. Was die meisten Wissenschaftler für nahezu unmöglich halten, ist in Lateinamerika bereits bittere Realität. In Deutschland nahm bislang jedoch kaum jemand davon Notiz.

Gentechnisch manipulierte Organismen haben sich in einer Provinz Argentiniens im Sommer 1986 unkontrollierbar ausgebreitet. Der Auslöser war ein gentechnisch erzeugter Lebendimpfstoff gegen die Tollwut, der nicht nur im Tierversuch, sondern auch an Menschen getestet wurde. Ort des Geschehens war eine landwirtschaftliche Versuchsstation außerhalb der Universitätsstadt Azul. Verantwortlich waren US-amerikanische Wissenschaftler, die das gentechnische Experiment nur in Azul durchführten, weil es in den Vereinigten Staaten nicht genehmigt worden wäre.

Im Juni 1986 begannen die Versuche. Wissenschaftler des Wistar-Institutes in Philadelphia hatten zuvor mit gentechnischen Methoden einen neuen Impfstoff entwickelt.

Aus dem Erbgut des tollwuterregenden Virus hatten sie einen Genabschnitt isoliert, der für die Herstellung eines bestimmten Eiweißes in dessen Außenhülle verantwortlich ist. Diese einzelne Erbanlage übertrugen sie künstlich einem anderen Virus, das normalerweise bei der Pockenschutzimpfung verwendet wird und ursprünglich vom Kuhpockenerreger abstammt.

Das Erbgut nahm das neue Gen auf, und das manipulierte Virus stellte an seiner Oberfläche fortan das gleiche Eiweiß her wie das Tollwutvirus. Allerdings löst es nicht die tödliche Seuche aus, sondern gaukelt dem Immunsystem nur eine gefährliche Infektion vor. Der Körper beginnt daraufhin mit der Produktion von Antikörpern und merkt sich die notwendigen Reaktionen für diesen Abwehrkampf. Die Forscher hoffen, daß sich das Immunsystem dadurch besser gegen einen Angriff einer wirklich gefährlichen Virusvariante zur Wehr setzen kann.

Der neue Tollwutimpfstoff birgt allerdings viele Risiken, die man in Argentinien untersuchen wollte. Es handelt sich bei ihm nämlich wie bei den Erregern, die er bekämpfen soll, um lebende, vermehrungsfähige Viren. Wie sie sich im Körper der geimpften Tiere verhalten, ob sie auf andere Lebewesen übertragen und welche Nebenwirkungen ausgelöst werden, testete man an 40 Kühen und deren Pflegern.

Noch heute ist der Zutritt zu den Stallungen und Weiden verboten, die zuständigen Behörden beim argentinischen Landwirtschaftsministerium haben das gesamte Gelände zur isolierten Zone erklärt. Nur durch einen Zufall erfuhren die Regierungsstellen in Buenos Aires überhaupt vom Experiment im entlegenen Azul.

Ein argentinischer Professor war von einem ehemaligen Kollegen von den Kuhversuchen informiert worden und benachrichtigte das Gesundheitsministerium. Dort wußte man bis zu diesem Zeitpunkt von nichts, keine offizielle Stelle war unterrichtet gewesen oder hatte die Versuche genehmigt. Daraufhin ließen die Behörden die Versuche im September 1986 abbrechen, und die Kühe mußten nach Entnahme von Blutproben geschlachtet und verbrannt werden.

Daß diese Entscheidung richtig war, zeigten die Ergebnisse der anschließenden Untersuchung. Demnach widersprachen die Versuchsbedingungen allen Sicherheitsvorschriften, die in Industriestaaten vorgeschrieben sind. Die geimpften Kühe waren in einem Stall zusammengepfercht, der nur aus ein paar Metallpfosten und einem Wellblechdach bestand, Wände existierten keine. Die Tiere standen in ständigem Kontakt zu einer Kontrollgruppe von weiteren 20 Kühen, herumstreunenden Nagetieren sowie zu den vollkommen ungeschützten Tierpflegern und Melkern. Die vier Tierpfleger wußten nichts von der Brisanz ihrer Arbeit. Sie wurden noch nicht einmal einer vorsorglichen Tollwut- oder Pockenschutzimpfung unterzogen. Bei ihrer Einstellung achtete man lediglich darauf, daß sie entsprechende Impfnarben aufwiesen. Eine laufende Überwachung ihres Gesundheitszustandes fand nicht statt. Um so brisanter ist die Entdeckung, daß das Versuchsprotokoll eindeutig beweist, daß das Ziel des Experiments darin bestand, mögliche Folgen neukombinierter Viren für die geimpften Tiere sowie die mit ihnen in Kontakt stehenden Tiere als auch die unmittelbar beteiligten Menschen abzuschätzen.

Die Milch der infizierten Tiere wurde sogar, ohne vorher pasteurisiert zu werden, von den Arbeitern und ihren Familien getrunken und an die örtliche Molkerei in Azul abgegeben. Wie viele Menschen in der 45.000 Einwohner zählenden Stadt diese Milch tranken, ist nicht bekannt. Untersuchungen an den Arbeitern ergaben, daß mindestens zwei von ihnen durch das neukombinierte Virus infiziert wurden. Welche Folgen das für die Betroffenen hat, ob sie dadurch nur unfreiwillig gegen Tollwut geimpft wurden oder aber unvorhergesehene Reaktionen ausgelöst werden, ist ungewiß. Sicher ist nur, daß die Menschen einen gentechnisch veränderten Organismus in ihrem Körper haben, dessen Auswirkungen auf die menschliche Gesundheit noch nie untersucht wurden und nicht vorausgesagt werden können.

Finanziert wurde das Experiment von der amerikanischen Rockefeller-Stiftung und der privaten Stiftung Merieux aus Frankreich. Die Pharmafirma Rhone Merieux aus Lyon will den neuartigen Tollwutimpfstoff in Zukunft vermarkten, man bestreitet in der Chefetage aber vehement, von den Vorgängen in Argentinien gewußt zu haben. Die argentinische Regierung versuchte, gegen die Verantwortlichen des Experiments auf juristischem und diplomatischen Weg vorzugehen.

Auf entsprechende Interventionen beim amerikanischen Repräsentantenhaus und dem Senat in Washington erhielten sie jedoch noch nicht einmal eine Antwort. Ob noch in anderen Entwicklungsländern riskante Experimente mit manipulierten Organismen unternommen worden sind oder werden, kann niemand bestätigen oder ausschließen.

Kein Gesetz und keine Richtlinie verbietet solche Genversuche oder zwingt die Wissenschaftler in den Industrienationen dazu, entsprechende Angaben zu machen. Je strenger die Auflagen und je wachsamer die kritische Öffentlichkeit im Heimatland sind, desto eher wird in Staaten ausgewichen werden, die keine oder nur sehr lasche Vorschriften kennen. Vor allem die Länder der Dritten Welt könnten in Zukunft als Experimentierfeld für Gentechnikversuche mißbraucht werden, da sie in der Regel nicht über die Kenntnisse und die Geldmittel verfügen, um entsprechende Richtlinien zu erlassen und effiziente Kontrollen durchzuführen. Nur strengere Gesetze in den industrialisierten Ländern können das verhindern.

Die Vorschrift, daß keine Experimente im Ausland durchgeführt werden dürfen, die auch im eigenen Land verboten sind, existiert aber weder in den USA, noch ist sie in den EG-Richtlinien enthalten. Ob solche Gesetze allerdings auch wirklich greifen würden, ist fraglich, denn Gewinnstreben, Spieltrieb und Neugier werden im Umgang mit Genen häufig höher bewertet als „lästige" Gesetze, wie ein Blick auf die Hacker-Szene zeigt.

Das Ciba-Experiment

Die Mitglieder der Hackerszene sind sicherlich mit ihrer Tastatur besser vertraut als mit dem Zerschneiden von Genen. Als jedoch im Internet von Hackern ausgespähte Einzelheiten über eine Versuchsreihe des Pharmakonzerns Ciba-Geigy veröffentlicht wurden, erregte dies die Aufmerksamkeit der Szene. Besonders fatal ist es, daß neben einer Bauanleitung für den kompletten Versuchsnachbau auch die richtigen Geräteeinstellungen veröffentlicht wurden.

Bereits 1985 untersuchten die beiden Schweizer Forscher Dr. Guido Ebner und Heinz Schürch die Auswirkungen von elektrostatischen Feldern auf Pflanzenkeimlinge. Finanziell wurden die von Herrn Dr. Ebner angeregten Versuche von der Firma Ciba Geigy unterstützt. Scheinbar eine Routineaufgabe, die allerdings zu überraschenden Ergebnissen führte.

In einer ersten Versuchsreihe wurden Sporen des weit verbreiteten Wurmfarns in wasser- und luftdichten Behältern eingeschlossen und dem elektrostatischen Feld ausgesetzt. Nach dem Einsetzen der Keimungsphase wurden die Sporen dem Feld entnommen und eingepflanzt. Das Ergebnis verblüffte die Forscher bei Ciba-Geigy, denn aus den Sporen des Wurmfarns entwickelte sich eine Pflanze, die in dieser Form in der Natur nicht existiert. Nachdem es

Heinz Schürch und Guido Ebner gelungen war, die neue Pflanze zu identifizieren, wußten sie, daß sie einer wissenschaftlichen Sensation auf der Spur waren. Aus den Sporen des Wurmfarns wurde eine Pflanze, die Aussah wie ein Hirschzungenfarn mit zungenartig verlaufenden Blättern. Das Besondere dabei ist, daß man den Hirschzungenfarn bisher nur aus Versteinerungen kennt, da er schon seit vielen Millionen Jahren ausgestorben ist. Scheinbar „erinnert" sich das Genom der pflanzlichen Zelle unter der Einwirkung des Feldes an seine frühere Beschaffenheit, daher bezeichnet man bei Ciba-Geigy die Pflanze auch als Urfarn. Ob es sich bei der „neuen" Pflanze wirklich um den längst ausgestorbenen Hirschzungenfarn handelt, kann allerdings nicht mit letzter Sicherheit festgestellt werden, da es heute nicht mehr möglich ist, die Gene mit denen der Urform des Farns zu vergleichen. Lediglich die optische Übereinstimmung läßt diesen Schluß zu.

Um die Auswirkungen des elektrostatischen Feldes auf eine weitverbreitete Nutzpflanze des menschlichen Nahrungskreislaufes zu testen, entschloß man sich bei Ciba-Geigy dazu, das Experiment mit Maiskörnern zu wiederholen. Das Ergebnis war nicht weniger sensationell. Die Keimlinge bildeten statt einem gleich bis zu 13 Maiskolben aus. Die vermuteten Vorteile liegen in einer wesentlich höheren Wachstumsrate, in der weitgehenden Unempfindlichkeit gegen härtere klimatische Einflüsse und in einer natürlichen Resistenz gegen Schädlinge. Besonders deutlich zeigten sich die Stärken der manipulierten Maispflanze, wenn man bei ihrer Aufzucht auf jegliche chemische Hilfe verzichtete. Ob diese Pflanze wirklich die vermuteten Vorteile aufweist, hat bisher niemand geprüft. Der Schluß liegt jedoch nahe, da sich sowohl die Pflanze als auch die Schädlinge in einem ständigen Wettrüsten der genetischen Entwicklung aneinander Anpassen. Wenn eine Pflanze plötzlich über einen Evolutionsvorsprung verfügt, kann der Schädling sich möglicherweise nicht schnell genug an die neue Situation anpassen und hat somit das Nachsehen.

Durch den Erfolg bei ihren Maisexperimenten ermutigt, wagten Schürch und Ebner einen weiteren, noch spektakuläreren Versuch an einer höher entwickelten Lebensform. Zunächst wurden einer Regenbogenforelle ihre Eier entnommen und künstlich befruchtet. Anschließend wurden die Eier für mehrere Wochen dem elektrostatischen Feld ausgesetzt. Auch diesmal entwickelte sich aus den Eiern der Regenbogenforelle eine Forellenart, die in Europa schon längst als ausgestorben galt. Die Tiere waren ein Drittel größer und fleischiger als die bekannten Arten. Das Maul der männlichen Tiere war, ähnlich wie beim Wildlachs, vorne hakenförmig zugebogen. Der Farbstreifen der Forellen war wieder voll ausgeprägt, und die Tiere zeigten nicht mehr die bei den heute lebenden Arten üblichen degenerierten Verhaltensmuster. Außerdem waren ihre Vermehrungsrate und ihre Widerstandskraft gegenüber Krankheiten wesentlich höher als bei den heutigen Arten. Erstmals gelang es den beiden Forschern, den Beweis für eine tatsächliche Genregeneration anzutreten, denn die Regenbogenforelle ist erst vor etwa 200 Jahren in Europa eingeführt worden und ursprünglich in Nordamerika beheimatet. Die Forelle hat sich in der Zwischenzeit degeneriert. Die heute in Eropa vorkommende Regenborelle hat nur noch wenig Ähnlichkeit mit der ursprünglichen Art. Die behandelten Tiere wiesen wieder alle Merkmale der ursprünglichen Art auf. Wie zuvor auch schon beim Maisexperiment zeigten sich die Stärken der genregenerierten Forellen besonders dann, wenn auf chemische Zuchthilfsstoffe vollkommen verzichtet wurde.

Genmanipulation durch Kreuzung bedeutet immer, daß einzelne Merkmale zu Lasten anderer künstlich hervorgehoben werden, also einen gezielten Evolutionssprung unter

Ertragsgesichtspunkten bei gleichzeitiger Degeneration einer Lebensform. Es werden durch Züchtung also vor allem die Merkmale hervorgehoben, die dem Menschen dienen. Mit Hilfe des elektrostatischen Feldes ist es möglich, durch Evolution oder Degeneration verlorengegangene Erbmerkmale zu reaktivieren. Bedenkt man dabei, daß es im Laufe der Erdentwicklung immer wieder Zeitabschnitte mit wesentlich härteren klimatischen Bedingungen gegeben hat als heute, so ergeben sich aus der Genregenerationstechnik ungeahnte Möglichkeiten für die Landwirtschaft.Es bedarf hierfür jedoch noch der Konkretisierung durch die Forschung, denn die von Herrn Dr. Ebner und von Herrn Schürch entdeckte Technik steht erst am Anfang. Besonders die Dritte Welt könnte von dieser neuen Technik profitieren. Auch für die europäischen Länder ist die Technik der sanften Genmanipulation durchaus interessant, denn der Treibhauseffekt bringt ein Klima nach Mitteleuropa, daß noch vor wenigen Jahrzehnten typisch für die Mittelmeerländer war. Diese Entwicklung läuft, verglichen mit der natürlichen Evolutionsgeschwindigkeit, derart rasant ab, daß die ökologischen Systeme sich nicht anpassen können. Für Versuche mit der genetischen Rückführung von Pflanzen und Tieren spricht außerdem, daß durch diese Technik keine gänzlich neuen Organismen produziert werden, sondern lediglich auf eine Version zurückgegriffen wird, die sich in der Natur bereits bewährt hat. Es stellt sich also die Frage, warum dieser doch sehr vielversprechende Weg nicht weiter beschritten wird. Die Antwort ist einfach: Der Nahrungsmittelmarkt und insbesondere der Getreidemarkt wird heute von multinationalen Konzernen beherrscht. Eine führende Rolle spielen dabei Unternehmen aus der pharmazeutischen Industrie, zu denen auch Ciba-Geigy in Basel gehört.

Die Zeiten, in denen Landwirte aus ihren Erträgen des Saatgut für die nächste Bepflanzungsperiode abzweigten, sind in den Industrienationen schon lange vorbei. Heute müssen die Bauern ihr Saatgut jedes Jahr neu kaufen, da es sich um Saatgut handelt, das nicht fortpflanzungsfähig ist. Die Pflanzen werden heute massiv gedüngt, mit Chemikalien besprizt und kommen dann frisch gewachst und bestrahlt zum Verbraucher, der, dank der Werbestrategen, ein uniformes Aussehen der Produkte mit Qualität verwechselt. Die Marketingidee des doppelten Umsatzes beim Vertrieb des Saatgutes funktioniert auch beim zum Lemming der Industrie verkommenen Verbraucher, wie die stetig ansteigenden Zahlen der Allergie- und Asthmapatienten zeigen. Daher wird von der Pharmaindustrie weiter nach dem Motto verfahren, daß es besser ist, ein paar Kunden zu vergiften als die Dividende der Anleger zu gefährden. Daß es in Deutschland auch nicht anders zugeht, zeigen die letzten Skandale der Branche.

Es ist also nicht verwunderlich, daß die Forschungen mit elektrostatischen Feldern nicht besonders gut in die Unternehmenspolitik der Pharmafirmen passen. Die Versuchsreihe wurde eingestellt, die Ergebnisse wurden patentiert und sollten nach dem Willen von Ciba-Geigy möglichst schnell in Vergessenheit geraten. Das Konzept wäre auch fast aufgegangen, wenn nicht ein neugieriger Hacker einen Blick auf die firmeninternen Datenbanken geworfen hätte.

Bei einem flüchtigen Blick ist es jedoch nicht geblieben, denn dem Hacker fielen neben der Dokumentation der Versuchsanordnung auch die Versuchsprotokolle mit den benötigten Feldstärken (ca. 650 bis 850 Volt pro Quadratzentimeter) in die Hände. Dank seiner Elektronikkenntnisse konnte er die Versuchsanordnung durch den Einsatz von Kondensatorkaskaden derart optimieren, daß sie von jedem Hobbybastler für weniger als 1.000,- DM nachgebaut werden kann. Seine Ergebnisse veröffentlichte er sowohl im Internet als auch in diversen Bulletin-Boards, wo sie eine rege Diskussion auslösten. Mittlerweile stehen in einigen Hackerkellern solche Versuchsanordnungen, mit denen die Ciba-Versuche nachgestellt werden. Aus den bei Ciba als geheim eingestuften Versuchen wurde ein Modetrend in der Hackerszene. Sollten die remutierten Organismen unkontrolliert freigesetzt werden, sind die Folgen nicht vorhersehbar.

Die Sichtweise der Hacker

Warum manipulieren Hacker Gene? - Diese Frage wurde einer Hackergruppe gestellt, die sich mit dieser Thematik befaßt. Die Antworten spiegeln in verblüffender Weise nicht nur die Naivität der Täter sondern auch die Gefahr wider, die in unkontrollierten Experimenten liegt: Zunächst kommt ein Hacker aus Bielefeld zur Wort:

„Zuerst hielt ich den Text im InterNet für Fake (Anmerkung: Hackerjargon für „Unsinn") und wollte einen entsprechenden Antworttext einstellen. Als ich mir dann den Schaltplan genauer angesehen und nach Fehlern gesucht habe, war ich überrascht. Ich fand alles logisch und beschloß, mir die Sache mal etwas genauer anzusehen. Ich zeigte die Unterlagen einem Freund von mir, der Biologie studiert. Er sagte mir, daß es sich möglicherweise um die Wahrheit handelte, riet mir aber dringend dazu, die Finger von dem Zeug zu lassen. Damit war für mich alles klar. Ich ging zu Conrad-Elektronik und besorgte mir die Bauteile. Alles hatten die zwar nicht, aber auch den Rest habe ich gefunden. Ich baute mir den Kram nach und probierte ein wenig damit herum. Zunächst reichte es mir aus, einfach nur die Geräte zu haben. Irgendwie war für mich einfach die Vorstellung toll, in den kompliziertesten Computerprogrammen hacken zu können, die es auf der Welt gibt: den Genen.

Ganze zwei Monate lachte mich das Gerät an, bevor ich den ersten Versuch wagte. Ich besorgte mir ein paar Blumensamen und legte los. Ich habe die Versuchsanordnung, wie in der Infoseite beschrieben, etwas abgeändert. Das Abschrägen der Oberplatte bringt eine Menge an Zeitersparnis, denn irgendwie reagieren verschiedene Samen unterschiedlich auf unterschiedliche Feldstärken im Elektrofeld. Meine Ergebnisse, die ich im Garten angepflanzt habe, können sich schon sehen lassen. Schon mal Tulpen mit Stacheln gesehen? - Kommt echt gut. Ich mach auf jeden Fall weiter und werde mir erst mal einen kleinen Mini-Wintergarten bauen, schließlich wird es bald wieder kalt. Ich bin mal gespannt, wie Tomaten und Erdbeeren reagieren. Vielleicht krieg ich später mal ein Patent auf das Zeug und mach mir so richtig die Taschen voll. Aber das ist Zukunftsmusik - erst mal probieren...“

Der Hobbygentechniker aus Bielefeld ist gerade mal 17 Jahre alt und lebt noch bei den Eltern. Die mögliche Tragweite seines Handelns ist ihm nicht bewußt und interessiert ihn auch nicht. Er will einfach nur seinen Spaß haben und ißt „für sein Leben gern“ Erdbeeren. Anders stellt sich die Situation bei einem Hacker aus Dortmund dar, der sich anscheinend sehr für Medizin interessiert und am liebsten gleich die ganze Welt „retten“ möchte:

„Ich hab es schon lange satt, wie wir alle von der Industrie verschaukelt werden. Die vergiften uns doch alle, ohne mit der Wimper zu zucken, wenn nur die Kohle stimmt. Die machen Kasse, und wir fressen den Chemiedreck, so war es immer, und man konnte nichts dagegen tun. Die Industrienationen kontrollieren den kompletten Nahrungsmarkt auf Kosten der armen Länder, in denen die Menschen zu Tausenden verhungern. Jetzt kann ich was tun und werde mich ganz bestimmt nicht davon abhalten lassen. Ich kann mir vorstellen, daß eines Tages durch diese Technik in Afrika Mais oder Weizen wächst. Und das ohne Chemiezusätze. Ich hoffe, daß sich genügend Leute finden, die Pflanzenmutationen züchten werden und mit ihren Ergebnissen den Besitzern der Chemieaktien die Suppe gründlich versalzen.

Auch in der Medizin könnte durch diese Technik einiges bewirkt werden. Was ist beispielsweise mit Krebs? Dabei handelt es sich doch um Zellen, deren Gene durch Umwelteinflüsse dazu verleitet werden, sich unkontrolliert zu vermehren. Wenn es wirklich möglich ist, über elektrostatische Felder eine Zelle dazu zu bewegen, sich wieder genauso zu verhalten, wie vor dem Genschaden, dann hat man doch mit den Feldern quasi ein automatisches Reparaturprogramm gefunden, oder? Warum wird nicht mal in so eine Richtung geforscht? Liegt es vielleicht daran, daß man in so einem Fall keine teueren Medikamte verkaufen kann und daher eine Heilung von Krebs auf einfachem Weg niemanden interessiert? Es geht doch gerade bei den Pharmakonzernen schon lange nicht mehr um das Leid der Menschen, sondern nur noch um Geld.

Oder nehmen wir das Problem des Alterns. Jede Zelle besitzt eine innere Uhr und teilt sich nur begrenzt. Vielleicht ist es möglich, die innere Uhr einer Zelle über ein elektrostatisches Feld zu hacken und so das Leben zu verlängern.

Diese neue Technik bietet Möglichkeiten, die unglaublich viel Positives bringen können. Warum wird sie nicht genutzt und verkümmert in irgendeiner Schublade eines großen Konzerns? Ich für meinen Teil interessiere mich nicht für Patentschutz und ähnlichen Blödsinn. Ich mach' weiter mit meinen Versuchen und hoffe, daß ich es der Industrie mal so richtig zeigen kann."

Man muß wohl 19 Jahre alt sein, um sich gleich mit der ganzen Welt anlegen zu können. Der Beitrag des Hackers aus Dortmund ist allerdings typisch für die Denkweise innerhalb der Szene. Im Vordergrund steht eigentlich immer eine recht positive Idee, sie leidet nur stark unter der Naivität. Darin liegt auch die Gefahr der unkontrollierten Experimente. Sicherlich bietet die „sanfte" Genregenerationstechnik einige interessante Ansätze zur Lösung einiger schwerwiegender Probleme.

Es ist jedoch mehr als fraglich, ob sie in Zukunft als „Allheilmittel" gegen Hunger, Krebs, das Altern und vielleicht sogar noch gegen Fußpilz dienen wird. Was passieren könnte, ist hochspekulativ, und daher ist eine Prognose nicht möglich. Es bleibt abzuwarten, was aus dem derzeitigen Modetrend der Computerszene wird. Die Erfahrung hat jedoch gezeigt, daß unüberlegte Experimente mit der Natur stets mehr negative Auswirkungen haben als positive.

Die Sichtweise des Erfinders

Der Erfinder der Genregenerationstechnik, Herr Dr. Guido Ebner, äußerte sich zu den möglichen Auswirkungen seiner Erfindung in einem Interview:

Autor: „Ich recherchiere derzeit für ein Buch über Computerhacker. Ich bin dabei auf eine Internetkonferenz gestoßen, in der ein Versuchsnachbau beschrieben und diskutiert wird, der eine Genmanipulation über elektrostatische Felder zuläßt."

Dr. Ebner: „Es handelt sich bei meinen Versuchen nicht um eine Genmanipulation im eigentlichen Sinne, denn das Genom bleibt in seiner urprünglichen Struktur erhalten. Es handelt sich nicht um eine Mutation des betreffenden Organismus, bei der mittels der Gentechniken ein zusätzliches Gen in den Organismus eingeführt wird. Es wird lediglich die Genexpression geändert. Das ist etwas anderes. Es wird also kein gänzlich neuer Organismus geschaffen, auch die Natur könnte die nicht genutzten Gene wieder reaktivieren. Verglichen mit einem Computer ist das Genom die Datenbank der Zelle, und ich verändere lediglich den Abruf der Daten.

Wenn eine Information innerhalb des Genoms nicht existiert, dann kommt sie auch über das Elektrofeld nicht zum Vorschein. Es gibt jedoch viele Informationen in einem Genom, die im Laufe des Lebens nie abgerufen werden. Beim Menschen machen diese brachliegenden Informationen sogar bis zu 90 Prozent aus.

Meine Technik ruft Geninformationen ab, die von sich aus nicht abgerufen werden. Bei jeder Pflanze und jedem Organismus gibt es eine optimale Feldstärke des Elektrofeldes (ca. 650-850 Volt pro Quadratzentimeter). Geht man darüber hinaus, nimmt die Wirkung ab und geht man darunter, ist keine Wirkung vorhanden. Leider kann man die Elektrofeldtechnik momentan noch nicht gezielt einsetzen."

Autor: „In der Hackerszene ist es anscheinend eine Art von „Sport" geworden, Ihre Versuchsanordnung nachzubauen und entsprechende Versuche anzustellen. Wie beurteilen Sie dies?"

Dr. Ebner: „Das ist gefährlich. Im Prinzip geht man mit fast allen Ergebnissen in der Entwicklungsgeschichte eines Organismus zurück. So kann man beispielsweise bei degenerierten Fischen die Degeneration wieder aufheben. Dort ist die Gefahr eigentlich klein. Aber diese Leute wissen nicht, was sie tun. Wenn die Versuchsergebnisse nicht vorweg im Labor kritisch gewürdigt werden, dann sollte man mit den Ergebnissen nicht in die freie Natur hinausgehen. Es ist nicht auszuschließen, daß ein unkontrolliertes Freisetzen der Versuchsergebnisse das Gleichgewicht der Natur stört. Es ist zwar nicht wahrscheinlich und auch nicht anzunehmen, aber dies bedeutet keine Gewißheit. Sofern keine gesicherten Erkenntnisse vorliegen, sollte man mit einem unkontrollierten Freisetzen vorsichtig sein."

Autor: Die Computerhacker kümmern sich nicht um die Folgen ihrer Experimente, sie verfolgen andere Ziele. Sie wollen sich profilieren, etwas „Spaß" haben oder einfach mal in Genen hacken. Das Erlangen von wissenschaftlichen Erkenntnissen steht jedenfalls nicht im Vordergrund. Ich habe mit mehreren Hackern ein Interview geführt und lese Ihnen nun Auszüge davon vor. (Anmerkung: Hier wurde der vorausgegangene Abschnitt „Die Sichtweise der Hacker" zitiert.)

Dr. Ebner: „Das hat mit Wissenschaft natürlich nichts zu tun. Die Aussagen des Hackers spiegeln das naive Halbwissen wieder, mit dem hier unverantwortliche Versuche betrieben werden. Das 'Anlegen mit der ganzen Welt' ist etwas typisches für die Sturm- und Drangperiode. Diese jungen Leute müssen alles in Frage stellen, damit sie sich selbst bestätigen und ihrem jungen Leben einen Sinn geben können. Dazu benötigen sie zunächst einmal Probleme, damit sie diese dann lösen können. Die Gefahr ihres Handelns liegt in der Naivität der jungen Leute, sie wissen nicht, was sie tun. Unser Gespräch ist für mich außerordentlich interessant, da daraus hervorgeht daß die Hacker wirklich ihren Weg in das Computersystem der Firma Ciba Geigy gefunden haben. Bei Ciba Geigy geht man davon aus, sich genügend gegen Hacker abgesichert zu haben. Ich sehe nun, daß es die Hacker trotzdem geschafft haben müssen, denn diese Leute haben ja die Daten."

Autor: „Was halten Sie denn von den 'Denkansätzen' des Hackers zur Heilung von Krankheiten, im speziellen bei Krebs? Kann ein Elektrofeld wirklich zu einer Art von 'Reparaturprogramm' für Krebszellen werden?"

Dr. Ebner: „Die Ausdrucksweise 'Elektrofelder als Reparaturprogramm für Krebszellen' ist nicht richtig. Bei der Krebszelle ist nicht unbedingt das Genom verändert. Diese Zellen kennen einfach gewisse Spielregeln nicht. Wenn Sie sich beispielsweise in die Finger schneiden, dann fängt es links und rechts an zu wachsen, bis sich die beiden Ränder der Wunde wieder berühren. Dann hört das Wachstum dieser Zellen auf. Man nennt dies auch den Los- und Haltmechanismus. Wenn sich eine Zelle nicht an diesen Mechanismus hält, dann wächst diese Zelle in alle anderen hinein. Eine Krebszelle verdrängt somit gesunde Zellen, und daher ist sie gefährlich. Diese Problematik hat etwas mit der Kommunikation zwischen den Zellen zu tun und nicht unmittelbar mit dem Genom. Daher ist es mehr als unwahrscheinlich, daß Elektrofelder als Waffe gegen Krebs eingesetzt werden können."

Autor: „Was ist eigentlich mit HIV/AIDS? Die Gefährlichkeit der Krankheit liegt doch darin, daß die Viren ihre Struktur innerhalb weniger Generationen so stark verändern (Evolution bzw. Mutation), daß sie dadurch das Immunsystem eines Menschen schwächen. Der Körper eines Menschen muß so lange immer neue Varianten von Abwehrkörpern bauen, bis dem Immunsystem die Kraft ausgeht und die Krankheit ausbricht. Mit einem elektrostatischen Feld müßte es doch möglich sein, die HIV-Viren dazu zu bringen, daß sie einige ihrer Evolutionsschritte vergessen und das Immunsystem des Menschen so eine Chance hat, wieder Kräfte zu sammeln. Warum wird bei der Bekämpfung von AIDS nicht auch mal in Richtung der elektrostatischen Felder geforscht?"

Dr. Ebner: „Dieser Mechanismus ist bekannt - und das nicht nur bei Viren. Ähnlich arbeiten auch die Einzeller, die die Schlafkrankheit verursachen. Die Einzeller mutieren schneller als das Immunsystem seine Abwehrkörper produzieren kann. Dadurch wird das Immunsystem überlastet und bricht zusammen. Vielleicht stimmt es, daß mit Hilfe der statischen Elektrofelder dem HIV-Virus seine Gefährlichkeit genommen werden kann. Zunächst ist dies jedoch spekulativ. Wenn man es zu einer Gewissheit erheben möchte, dann besteht die Notwendigkeit einer wissenschaftlichen Untersuchung."

Autor: „Welchen Nutzen kann man beispielsweise aus den von Ihnen behandelten Maiskörnern ziehen. Ist es damit möglich, das Ernährungsproblem zu lösen?"

Dr. Ebner: „Ich werde immer wieder gefragt, ob mit dem im Elektrofeld behandelten Mais ein Ernährungsproblem gelöst werden kann. Das ist natürlich Unfug, denn es kann mehr Mais an einem Kolben sein, als an 13 kleinen Kölbchen. Das Experiment war hinsichtlich der Morphologie (Anmerkung: Lehre von der Gestaltsveränderung u.a. von Pflanzen) interessant. Ob dieser Mais zur Lösung des Ernährungsproblems beitragen kann, ist fraglich, denn dieses ist kein Problem der Produktion, sondern der Verteilung. Denken Sie daran, daß in den USA riesige Felder ob der Überproduktion brachgelegt wurden, während an anderen Stellen auf der Erde die Menschen verhungern. Diejenigen, die eine Verteilung der Überproduktion anstreben, streben sie falsch an. Besonders über die Situation in Afrika bin ich sehr gut informiert. Auch dort gibt es Bauern, die versuchen, Getreide anzubauen. Und dann kommen die Entwicklungshelfer mit Säcken voller Getreide, das dort gratis verteilt wird. Dies bedeutet für einen Bauern, der produzieren will, daß er wirtschaftlich zerstört wird. Wenn ich meine Butter im Laden gratis bekomme, dann gehe ich auch nicht in den Nachbarladen und erwerbe sie dort."

Autor: „Im Rahmen der Evolution hat unsere Erde verschiedene Klimaphasen durchlebt. Wenn eine Pflanze diese unterschiedlichen klimatischen Bedingungen bis heute überlebt hat, dann hat sie sich diesen Bedingungen in ihrer Entwicklung bereits einmal erfolgreich angepaßt. Wenn es möglich ist, diese Merkmale zu reaktivieren, dann liegt die These nahe, daß durch die Behandlung im Elektrofeld ein Wachstum dieser Pflanze in einer klimatischen Region möglich ist, in der sie vorher nicht wachsen konnte."

Dr. Ebner: „Das stimmt, das wäre eine Möglichkeit. Besonders dann ist dies zutreffend, wenn man in der Entwicklung dieser Pflanze zurückgehen könnte, wie wir es bereits bei Bakterien und Pilzen getan haben. Mit ihnen kann man „zurückgehen" bis etwa in die Triaszeit (Anmerkung: vor ca. 250 Millionen Jahren, Saurierzeit, Entwicklung der erstern Säugetiere). Wir haben aus dieser Zeit einen Pilz geholt, der damals gelebt hat und der jetzt wieder bei uns wächst. Diese Zeit war eine über lange Perioden außerordentlich trockene und warme Zeit. Damals sind bestimmte Meere in Europa ausgetrocknet, deshalb stammen die Salzlager aus jener Zeit. Die Triaszeit dauerte etwa 15 Millionen Jahre an, was gemessen an der Lebensdauer eines Menschen zwar als sehr lange erscheint, jedoch bezogen auf die Evolution nur eine sehr kurze Zeitspanne bedeutet."

Autor: „Wir verändern zur Zeit durch den Treibhauseffekt das Klima massiv. Diese Entwicklung verläuft, verglichen mit der natürlichen Evolutionsgeschwindigkeit, derart schnell ab, daß sich das ökologische System nicht schnell genug anpassen kann. Sehen Sie bezüglich dieser Problematik einen Ansatz in Ihrer Forschungsarbeit?"

Dr. Ebner: „In sehr frühen Epochen der Erdgeschichte war die Konzentration von Kohlendioxid in der Atmosphäre wesentlich höher als heute. Die Natur wurde also bereits einmal mit dieser Problematik konfrontiert. Der Treibhauseffekt wird nach meiner Meinung von den Medien etwas übertrieben. Es ist in der Tat so, daß die durchschnittliche Temperatur durch den Treibhauseffekt etwas steigt, aber die Beweglichkeit innerhalb der Biologie ist groß genug, um dies aufzufangen. Wenn es wärmer ist, dann werden in Europa einfach andere Pflanzen wachsen. Wenn sie beispielsweise die Steinkohle ansehen, dann werden Sie feststellen, daß es Palmen sind. Damals war es warm in Europa, und somit konnten hier Palmen wachsen. Niemand wundert sich darüber, daß am Äquator Palmen wachsen, da es dort warm ist. Bei uns wachsen sie halt nicht, da es kühl ist. Wenn es bei uns wärmer wird, dann bekommen wir wieder Palmen. Es ändert sich also lediglich das Gleichgewicht der Arten. Die Natur verfügt über Mechanismen, die das Gleichgewicht ändern. Seit Beginn der Biologie finden Änderungen im Gleichgewicht der Natur statt. Wenn jetzt Änderungen stattfinden, dann entspricht das einem Mechanismus, der seit eh und je da war. Das ist nicht neu. Sie sagen richtig, daß durch Eingriffe in das Gleichgewicht solche Veränderungen schneller stattfinden, als wenn man dies dem natürlichen System überlassen würde."

Autor: „Wie bewerten Sie Ihre Erfolge bei Ihren Experimenten mit der Regenbogenforelle?"

Dr. Ebner: „Wir haben die Regenbogenforellen während der Befruchtung im Elektrofeld behandelt, eben so früh wie möglich. Dadurch erhielten wir wieder die ursprüngliche Form der Regenbogenforelle. Das ist ein typisches Beispiel für eine Rückführung eines degenerativen Prozesses. Es ist falsch zu behaupten, es handele sich um einen Fisch, der ausgestorben ist, denn in den USA existiert er immer noch. Bei Züchtungen werden stets die Merkmale hervorgehoben, die den Menschen dienlich sind, wie beispielsweise die Größe einer Frucht. Für die betreffende Pflanze oder das betreffende Tier ist dies natürlich eine falsche Entwicklung, denn Zucht hat mit einer Verbesserung dieses Lebewesens nichts zu tun, sondern nur mit einer Verbesserung des Ertrages. Meist steht die Natur diesen Manipulationen nicht gerade positiv gegenüber. So ist das heutige Getreide mit sehr großen Samen ausgestattet, die sich teilweise nicht mehr zum Anbauen von neuen Pflanzen eignen. Ursprünglich hat die Pflanze die Samenkörner zur Fortpflanzung entwickelt und nicht, um unser Brot zu liefern. Wenn Zucht zu weit getrieben wird, zieht die Natur sogar die evolutionstechnische Notbremse. Wenn beispielsweise ein Pferd mit einem Esel gekreuzt wird, erhält man ein Maultier. Da das Maultier der Natur 'zuwider' ist, kann es sich nicht fortpflanzen, denn es ist geschlechtslos. Die schlimmste Strafe, die einem Lebewesen von der Natur auferlegt werden kann, ist der Verlust der Fortpflanzungsfähigkeit."

Autor: „Hat Ihre Erfindung eine Zukunft?"

Dr. Ebner: „Die Zeit ist noch nicht reif für die Genexpression. Die Forschung favorisiert derzeit immer noch die Genmanipulation, und bis man zur Genexpression kommt, dauert es wohl noch etwas. Derzeit dominieren in der Forschung noch gewisse Modetrends. Wenn irgend etwas aufgegriffen wird, macht plötzlich die ganze Welt das gleiche. Es gibt zwar sehr viele Forscher, die mit Magnetfeldern arbeiten, jedoch bin ich wahrscheinlich der erste, der mit elektrostatischen Feldern in biologischen Systemen gearbeitet hat."

Autor: „Herr Dr. Ebner, ich danke Ihnen für das Gespräch."

9.

Die „ganz legalen" Hacker - Hintergründe und Aktivitäten

Die große Zahl von Romanen, die sich mit den kleinen und großen Geheimnissen der Welt beschäftigen, macht deutlich, welche Faszination in ihnen liegt. Von der Öffentlichkeit nahezu unbemerkt horchen und spitzeln auch die offiziellen Stellen mit teilweise verblüffenden Tricks im Privatleben der Bürger herum. Die unlängst beschlossene legalisierung der in der Realität schon längst zur Ermittlungsroutine gehörenden Lauschangriffe trägt sicherlich nicht zu einer Verbesserung der Situation bei.

Kryptologen

Die Geschichte der amerikanischen Hacker beginnt mit Herbert Osborne Yardley, der am 13. April 1889 in Worthington geboren wurde. Im Alter von 23 Jahren führte ihn sein Weg nach Washington D.C., wo er zum berühmtesten Kryptologen der Welt werden sollte. Er begründete die erste Organisation zur Entschlüsselung von Geheimcodes. Er fand zunächst beim Außenministerium eine Anstellung als Telegraphist. Angetrieben von seiner Neugier sammelte er verschlüsselte Telegramme des Außenministeriums und verschiedener diplomatischer Vertretungen. Er machte sich einen Sport daraus, alle kodierten Nachrichten zu entschlüsseln. Er sammelte seine Erkenntnisse und verfaßte in aller Stille einen Aufsatz über die unzulänglichen amerikanischen Verschlüsselungssysteme. Als er seine Analyse seinen Vorgesetzten präsentierte, waren diese sprachlos.

Nachdem Amerika in den Ersten Weltkrieg eingetreten war, wechselte Yardley vom Außenministerium ins Kriegsministerium über. Er übernahm die Leitung der Sektion 8 des Militärischen Abschirmdienstes. Diese neu geschaffene Abteilung mit dem Namen MI-8 war für alle Verschlüsselungs- und Entschlüsselungsarbeiten zuständig. Während des Krieges leistete die Entschlüsselung diplomatischer Depeschen den Strategen des Kriegsministeriums wertvolle Dienste.

Mit Kriegsende standen Yardley und seine Datenspitzel vor einem großen Problem, denn jetzt trat der 1912 definierte Radio Communication Act wieder in Kraft. Mit diesem Gesetz garantierte die Regierung die Geheimhaltung aller über das offizielle Fernmeldesystem übermittelten Nachrichten. Daher kam es bereits 1919 zu geheimen Absprachen zwischen der Western Union Telegraph Company und dem Außenministerium. Ziel war es, Kopien von Telegrammen zu erhalten, die für das Außenministerium interessant waren. Dies war nicht unproblematisch, da der Radio Communication Act strenge Strafen für die Weitergabe von Telegramminhalten vorsah.

Als im März 1929 Herbert Clark Hoover Präsident der Vereinigten Staaten wurde, setzte der neue Außenminister Henry L. Stimson dem illegalen Treiben von Yardleys Truppe ein Ende. Stimson bezeichnete die Abteilung MI-8 des Nachrichtendienstes als ungesetzliche Einrichtung und ordnete die Streichung aller Mittel an.

Sein Ausspruch, „Gentlemen lesen keine fremden Briefe", sollte jedoch nicht lange Gültigkeit behalten.

Stimsons empörte Reaktion führte lediglich dazu, daß die Gentlemen der amerikanischen Armee fortan die fremden Briefe lasen. Herbert Osborne Yardleys Karriere war allerdings beendet.

Der neue Verantwortliche für Kryptologie wurde William F. Friedman. Unter seiner Leitung wuchs die Abteilung MI-8 des militärischen Nachrichtendienstes zu einer Behörde mit dem Namen Signal Intelligence Service (SIS) heran. Die SIS verfügte in den Jahren 1930 bis 1937 nur über sieben Mitarbeiter und einen bescheidenen Etat von 17.000 Dollar pro Jahr. Angesichts der Zunahme der weltpolitischen Spannungen und der Besorgnis, Amerika könnte in einen neuen Krieg verwickelt werden, weitete die SIS im Jahr 1938 ihre Aktivitäten aus. Es wurden Abhörbasen in Kalifornien, Texas, Panama, auf den Philippinen und auf Hawaii in Betrieb genommen. Aufgabe dieser Horchposten war es, den diplomatischen Funkverkehr zwischen Rom und Tokio sowie zwischen Berlin und Tokio abzuhören.

Friedman zeigte sich besorgt über den illegalen Charakter seiner Operationen und die möglichen Folgen des Bekanntwerdens. Daher bat er den neuen Außenminister Woodring um Erlaubnis, „in Friedenszeiten unter strikter Beachtung der Geheimhaltung Funkabhör- und kryptoanalytische Dienste zu unterhalten, wie sie für Ausbildungszwecke erforderlich sind". Außenminister Woodring erteilte die Erlaubnis, und fortan segelte der SIS unter offizieller Flagge.

Im Jahr 1939 erhöhte der SIS die Zahl seiner Mitarbeiter von sieben auf 19. Als die Japaner im Dezember 1941 Pearl Habour angriffen, waren es bereits 331 Mitarbeiter, und am Ende des Krieges betrug die Zahl 10.000. Neben der SIS unterhielten auch die Armee und die Flotte Büros für Kryptoanalyse. Dies führte zu Zweigleisigkeiten bei der Arbeit. So hatte in einigen Fällen die eine Behörde, ohne etwas von den Bemühungen der anderen zu wissen, den Schlüssel zu einem Rätsel längst gefunden, den die andere noch verzweifelt suchte. Friedman bemühte sich daher darum, alle kryptologischen Aktivitäten in einer Behörde zusammenzufassen. So entstand am 4.11.1952 unter Präsident Truman die National Security Agency (NSA „Nationale Sicherheitsbehörde"). Heute hat sich die NSA zur größten Spionagefabrik gemausert, die es jemals in der freien Welt gegeben hat. Ihre personelle Stärke übersteigt die der CIA um ein Vielfaches.

Computer und Geheimnisse

Die weltweit größte Konzentration von Computern befindet sich wahrscheinlich in den Kellern der NSA. Trotz ihrer Anonymität spielte die NSA bei der Entwicklung von Computern eine große Rolle. Schon in den 30er Jahren wurden komplexe Geräte zur Kryptoanalyse konstruiert. Diese Geräte waren die Vorläufer der modernen Computer. Ihr Hauptproblem war jedoch ihre Überspezialisierung. Sie wurden gebaut, um einen besonderen Code zu dechiffrieren. Wenn dieser Code geändert wurde, war das Gerät wertlos. Daher vergab die NSA den Auftrag, eine universell einsetzbare, programmierbare Rechenmaschine zu konstruieren.

Dieses Gerät, mit dem Namen ENIAC (Electronic Numerical Integrator Computer), ging als der erste in den Vereinigten Staaten gebaute Computer in die Geschichte ein. ENIAC besaß 18.000 elektronische Röhren, konnte nicht mehr als 20 Zeilen speichern und war programmierbar. Die technischen Möglichkeiten von ENIAC waren sehr begrenzt, daher vergab die NSA 1955 an IBM den Auftrag, einen Computer mit der tausendfachen Kapazität zu konstruieren. Dieser Computer mit dem Namen IBM-Stretch wurde im Februar 1962 in Betrieb genommen. Der Rechner war so leistungsfähig, daß er erst im Jahr 1976 durch eine 15 Millionen Dollar teure CRAY-1 ersetzt wurde. Der von der Firma Cray Research in Minnesota entwickelte Rechner verfügt über mehr als 200.000 integrierte Schaltungen, 3.400 Platinen und 96 Kilometer Draht. Die enorme Hitzeentwicklung dieses Mathematik-Reaktors erfordert ein spezielles Freon-Kühlsystem mit Kühlstäben aus Aluminium und Edelstahl, die durch das ganze Gerät verlaufen. Auch optisch überzeugt eine CRAY-1 durch eine integrierte, mit schwarzem Vinyl überzogene Sitzbank, die dem Rechner den Beinamen „das teuerste Sofa der Welt" einbrachte. Heute besitzt die NSA mehrere Computer des Nachfolgemodells CRAY-2, dem schnellsten, leistungsfähigsten und teuersten Computer der Welt, der nahezu jedes Verschlüsselungssystem innerhalb kurzer Zeit dechiffrieren kann.

Horchposten

Die heutigen Spionageaktivitäten der NSA lassen sich in die Bereiche Bodenaufklärung, Luft- und Weltraumaufklärung sowie Seeaufklärung unterteilen. Die Abteilung Central Security Service (CSS), eine Unterabteilung der NSA, unterhält überall in der Welt bodengestützte Horchposten.

Mitte der 50er Jahre entwickelte die NSA einen geheimen Plan, der die Inbetriebnahme von insgesamt 4.120 Horchposten vorsah, die über die ganze Welt verteilt und rund um die Uhr tätig sein sollten. Dieser Plan war Teil eines Funküberwachungsprogramms der NSA für Friedenszeiten. Bereits im September 1969 verfügte die NSA über ein fast lückenloses elektronisches Fernaufklärungssystem.

Der Hauptbestandteil einer Abhörstation ist ein Empfangsgerät, das mit allen Feinheiten der Funktechnik ausgestattet und hochempfindlich ist. Eine solche Station kann je nach Ausstattung in einem Lastwagen Platz finden oder mehrere tausend Quadratmeter beanspruchen. Eine der größten Anlagen dieser Art wurde in der Nähe des Dorfes Edzell in Schottland gebaut. Dieses System ist in der Lage, Funksignale aus dem Langwellenbereich, innerhalb dessen beispielsweise U-Boote miteinander verkehren, bis hin zum Ultrakurzwellenbereich, der auch für Funktelefone benutzt wird, anzupeilen und abzuhören. Da die Antennen im Kreis aufgestellt sind, können sie Radiowellen aus allen Himmelsrichtungen auffangen. Auf der Abörbasis Edzell sind derzeit ca. 1.800 Militärpersonen und Spezialisten der NSA mit ihren Angehörigen stationiert.

Auch Deutschland ist eines der kryptologischen Fenster der NSA. Hierzulande wird vorwiegend Fernmeldeaufklärung gegen das europäische Rußland und die Ostblockländer betrieben. Die größten Abhöreinrichtungen befinden sich in Bremerhaven, Frankfurt, Darmstadt, Gablingen, Bad Aibling und Berlin. Die NSA reduzierte ihre Kapazitäten in Deutschland nach dem Fall des Ostblocks und der deutschen Wiedervereinigung. Dennoch wird sie weiter in Deutschland tätig sein, wie beispielsweise der Standort Gablingen bei Augsburg zeigt. Die dortigen Techniker sitzen in einem atombombensicheren Bunker, der zwölf Stockwerke tief ist. Über dem Bunker befindet sich eine 100 Meter hohe Peilantenne vom Typ Wullenwever - eine der größten Aufklärungsanlagen in Deutschland. In dieser

Anlage ist auch die Abteilung SCIF untergebracht, in der alle Informationen sowie Telex- und Faxverbindungen zusammenlaufen. Die Auswertung erfolgt in der Augsburger Sheridan-Kaserne. In Zusammenarbeit mit der Fernmeldekompanie 946 der Bundeswehr betreibt die NSA u.a. die Lauschtürme „Hoher Bogen" an der tschechischen Grenze und auf dem Wurmberg im Harz.

In der NSA-Station Bad Aibling bei Rosenheim endet die Kooperation der Bundeswehr mit der NSA. Dort betreiben die Amerikaner die zweitgrößte Aufklärungsstation in Europa. Schon von weitem erkennt man eine Ansammlung von Antennenanlagen, die wie riesige weiße Golfbälle aussehen. Es handelt sich hierbei um Spezialantennen, mit denen eine Rundumüberwachung der Telekommunikation möglich ist. Als im November 1992 ein besonders dreistes TV-Team mit einem Heißluftballon das Gelände überflog und mit Thermokameras die Antennenanlagen filmte, konnten die Journalisten erstmals den Beweis dafür erbringen, daß von Bad Aibling aus auch deutsche Telefone abgehört werden. Mit Hilfe der Thermokameras war es möglich, die Parabolantennen unter den „Golfbällen" sichtbar zu machen und somit die Richtung der Abhörtätigkeiten zu ermitteln. Die Ausrichtung der Antennen lieferte den eindeutigen Beweis dafür, daß in Bad Aibling ein „Rundumschlag" in Sachen Abhören betrieben wird. Kein Telefonat in der Umgebung kann somit als vor Lauschangriffen sicher angesehen werden.

Dem BND ist dies trotz der mangelnden Kooperation der Amerikaner nicht verborgen geblieben, denn er unterhält am Rande des Geländes eine Station mit dem Namen „Objekt Seeland". Von dort aus versuchen die BND-Schnüffler, den amerikanischen Kollegen etwas in die Karten zu schauen. Besonders interessant erscheint dies unter dem Gesichtspunkt, daß Bad Aibling als Satelliten-Relaisstation zwischen den unbemannten Horchposten auf

Zypern, im Oman und der NSA-Zentrale in Fort Meade dient.

Das Abhören von Telefonaten

Die NSA interessiert sich nicht nur für den militärischen Funkverkehr sondern auch für Telefonate, die vergleichsweise einfach abhörbar sind. Der Aufbau von Fernmeldeabhörstationen verläuft immer nach dem gleichen Schema. In Deutschland werden Telefonate von den größeren Vermittlungsstellen über Richtfunkstrecken im Mikrowellenbereich weitergeleitet. In der Nähe dieser Sendeanlagen werden dementsprechend Abhöranlagen mit kleinen, unauffälligen Antennen installiert. Wichtig ist nur, daß sich die Antennen genau im Abstrahlwinkel der Sendeanlage befinden. Auf diese Weise ist das Abhören sämtlicher Telefonate, die über diese Vermittlungsstelle laufen, problemlos möglich. Eine solch umfassende Abhörmaßnahme würde allerdings selbst die NSA kapazitätsmäßig überfordern. Daher konzentriert man sich vorwiegend auf das Abhören von Auslandsferngesprächen.

Da allerdings auch die Auslandsgespräche ein enormes Volumen darstellen, mußte man einen Weg finden, die für die Behörden interessanten Gespräche elektronisch herauszufiltern. Die Lösung war elegant: Mit einem einfachen technischen Trick ist es nämlich möglich, die menschliche Stimme in Bildform darzustellen. Auf diese Weise entsteht aus jedem Wort ein eigenes Klangbild. Je länger ein Wort ist, desto einfacher ist die Identifizierung über die phonetische Symmetrie möglich. Ein Computer kann somit alle Auslandstelefonate abhören und auf verdächtige Klangbilder untersuchen. Sobald ein als verdächtig eingestuftes Wort erwähnt wird, erfolgt eine Speicherung des gesamten Gespräches, gefolgt von einer manuellen Auswertung. Gleichzeitig werden die Gesprächspartner in die „Kartei der subversiven Elemente" aufgenommen und gezielt abgehört. Jeder, der in Krisenzeiten, wie beispielsweise dem Golfkrieg, mit einem Freund im Ausland die Situation diskutiert hat, kann fast sicher sein, in den Augen der Nachrichtendienste ein solch subversives Element zu sein. Betont sei an dieser Stelle, daß es sich hierbei nicht um die Vorgehensweise einer dubiosen Macht in einer Bananenrepublik, sondern um den nicht weniger dubiosen nachrichtendienstlichen Alltag in unserem, mit einer Verfassung gesegneten Land handelt. Die Bezeichnung „Verfassungsschutz" hat in diesem Zusammenhang allerdings einen etwas faden Beigeschmack.

Unlängst hat das Bundesverfassungsgericht diese auch vom Verfassungsschutz und vom BND betriebene Flächen-Abhörtechnik als verfassungswidrig verboten. Dieses Urteil wird wohl in der Praxis nur wenig Bestand haben, da es für die Spionagebehörden einfach möglich ist, ihre Aktivitäten unter dem Deckmantel der Bundeswehr, der NATO oder des NSA weiter zu betreiben. Es liegt einfach in der Natur der Geheimdienste, Gesetz und Verfassung zu ignorieren und sich jeder Kontrolle zu entziehen. Das dies auch für Deutschland gilt, zeigen nicht nur der jüngste Skandal um den illegalen Transport von Plutonium, sondern auch die mit unschöner Regelmäßigkeit wiederkehrenden Abhörskandale.

BND und BSI

Eigentlich sollte man davon ausgehen können, daß die nach dem Ende des Kalten Krieges erfolgte Reduzierung der Schnüffelkapazitäten der NSA auf Deutschem Boden auch eine Reduktion der Abhörtätigkeiten auslösen würde. Doch weit gefehlt, denn sobald die NSA einen Stützpunkt verlassen hatte, meldeten sich der BND, das Bundesamt für Fernmeldestatistik und das 1990 gegründete Bundesamt für Sicherheit in der Informationstechnik (BSI) als dankbare Nachmieter an. Es stellt sich die Frage, wen es zu bespitzeln gilt, wenn das alte „Feindbild Ost" stirbt und den Spitzeln der Weg in die Arbeitslosigkeit droht.

Die Antwort ist einfach: Die eigene Bevölkerung wird kurzerhand zum neuen Aufklärungsobjekt bzw. Feindbild erklärt. So entstand beispielsweise mit der Einführung der Zinsabschlagssteuer in Deutschland die „Notwendigkeit", den Banken etwas auf die Finger zu schauen. Zu diesem Zweck wurden und werden alle Banken mit internationalem Geldverkehr systematisch überwacht. Die überraschenden Fahndungserfolge beispielsweise bei der Commerzbank, der Dresdner Bank und auch der Deutschen Bank waren Insiderinformationen zufolge ein direktes Ergebnis vorheriger illegaler Abhöraktionen nebst genauso illegalem behördeninternen Informationsfluß.

In Beamtenkreisen wird diese durchaus gängige Informationspraxis „informell" genannt. Ein besserer Informationsaustausch zwischen den Behörden liegt unter Umständen durchaus im öffentlichen Interesse, jedoch sollte man dabei nicht vergessen, wohin entsprechende Verfahrensweisen beispielsweise bei der Gestapo im Dritten Reich oder beim Ministerium für Staatssicherheit geführt haben.

Zwar sieht das Gesetz in Deutschland eine strikte Trennung von Polizeiapparat und Geheimdiensten vor, jedoch wurde diese Trennung unbemerkt von der Öffentlichkeit durch die Gründung des BSI unterwandert. Deutlich wird dies, wenn man die noch sehr junge Geschichte des BSI beleuchtet: Zunächst wurde im Sommer 1989 die Zentralstelle für das Chiffrierwesen des Bundesnachrichtendienstes BND umbenannt in Zentralstelle für Sicherheit in der Informationstechnik. Diese Abteilung, die mit 150 Kryptologen besetzt ist, ist funktional mit der Kryptologieabteilung der NSA vergleichbar. Die Aufgabe dieser Zentralstelle bestand darin, sichere Verschlüsselungscodes für das Bundesverteidigungsministerium und das Auswärtige Amt zu entwickeln. Außerdem versuchten die Kryptologen, fremde Codes zu hacken, um beispielsweise den Botschaftsverkehr auch von befreundeten Ländern abhören und mitlesen zu können. Mit der Umbenennung wurde die nun unter neuer Flagge segelnde Kryptologieabteilung des Bundesnachrichtendienstes dem BND ausgegliedert und dem Innenministerium unterstellt.

In seiner Eröffnungsrede sagte der damalige Innenminister Wolfgang Schäuble: „Es besteht erheblicher Handlungsbedarf, um Vertraulichkeit, Unversehrtheit und Verfügbarkeit der informationstechnischen Systeme und der darin verarbeiteten Daten zu schützen."

Ganz so harmlos, wie Herr Schäuble es formulierte, stellen sich die Aufgaben des BSI in der Praxis jedoch nicht dar. Deutlich wird dies, wenn man den §6 des im Oktober 1990 in aller Heimlichkeit verabschiedeten BSI-Gesetzes näher beleuchtet, der die „Unterstützung der Polizei sowie der Strafverfolgungs- und Verfassungsschutzbehörden" regelt. Hierin werden die ehemaligen BND-Kryptologen eindeutig ermächtigt, nachrichtendienstliche Tätigkeiten (also Spionage) zu übernehmen und neue Techniken des Lauschangriffes zu entwickeln. Gegen wen sich diese Spionagetätigkeiten richten, ergibt sich eindeutig aus der Zuständigkeit des Innenministeriums: betroffen sind vorwiegend die Bürger der BRD.

Daß das BSI in Wirklichkeit eine getarnte Unterabteilung des Bundesnachrichtendienstes ist, wird von den dortigen Beamten emsig bestritten. Dies erscheint jedoch nicht sonderlich glaubhaft, wenn man bedenkt, daß Otto Leiberich, der erste Präsident des BSI, von 1962 bis 1974 oberster Mathematiker des BND war. Zwar ist dies oberflächlich betrachtet schon einige Zeit her, jedoch gilt auch für den BND was für alle anderen Geheimdienste gilt: Einmal Geheimdienst - immer Geheimdienst. Auch stellt sich die Frage, warum das BSI einen speziellen Dechiffrierungscomputer für fremde Sprachen braucht und warum diese Notwendigkeit in einer geheimen Sitzung des Haushaltsausschusses im Deutschen Bundestag ausgerechnet von BND-Konteradmiral Gerhard Güllich begründet wurde.

Mit dem BSI wurde in Deutschland eine Behörde mit einer an totalitäre Systeme erinnernde Machtbefugnis geschaffen. Ihre denkbaren Ziele im innenpolitischen Bereich liegen in der totalen Überwachung der Bürger und in der systematischen Aushöhlung der verfassungsmäßig garantierten Rechte. Das BSI weist solche Thesen natürlich weit von sich und sieht sich selbst lieber als Behörde, die den Bundesbeauftragten für den Datenschutz bei seiner Arbeit unterstützt.

Rein praktisch jedoch ist das BSI im Begriff, in Deutschland eine Monopolstellung in Sachen Kryptologie einzunehmen, denn eines der Betätigungsfelder des BSI ist die Beratung der Industrie in Sachen Kryptologie. Das Vorgehen des BSI ist hierbei psychologisch geschickt gewählt, denn das devote Vertrauen der Deutschen in ihre Behörden läßt die Vermutung nicht zu, daß da möglicherweise eine Bespitzelungsbehörde der Kategorie Stasi durch die Hintertür ins Haus kommt. Ein solches Amt dann auch noch in der Öffentlichkeit als Verbraucherschutzorganisation darzustellen ist unter diesen Gesichtspunkten schlichtweg demagogisch.

Wer jedoch meint, bei privaten Anbietern von Kryptologie vor einem Schnüffelangriff der Geheimdienste sicher zu sein, sollte sich seinen zukünftigen Partner in Sachen Verschlüsselung vorher genau ansehen, wie das Beispiel der Schweizer Firma Crypto AG zeigt. Zunächst erscheint die Firma mit ihrem Sitz in einem neutralen Land als besonders geeignet für eine vertrauensvolle Zusammenarbeit. Und in der Tat, viele internationale Firmen und auch einige Staaten, wie beispielsweise der Iran, bedienen sich der Dienste der scheinbar unabhängigen Crypto AG, um Chiffriermaschienen zu erwerben. Einem Imageprospekt zufolge setzt die Firma Crypto AG ihre Geräte in derzeit über 130 Ländern ein. Abnehmer sind die Industrie, Verwaltungen, diplomatische Dienste und Militäreinrichtungen.

Doch wer steckt hinter dem Namen Crypto AG? Im Jahr 1982 gehörten 99 Prozent des Aktienkapitals einem Treuhänder mit dem Namen Eugen Freiberger mit Wohnsitz in München. Er verwaltete das Aktienpaket für eine Stiftung im Fürstentum Liechtenstein, die wiederum der Unterabteilung „Sondervermögen" der deutschen Bundesvermögensverwaltung gehörte. Die Kette der Eigentümer endete schließlich in der Zentralstelle für das Chiffrierwesen des Bundesnachrichtendienstes, dem heutigen BSI. Heute gehört die Crypto AG der Deutschen Treuhand Gesellschaft in München, der eigentliche Besitzer ist aber Insiderinformationen zufolge immer noch der BND.

Das Abhören von Computern

Nicht einmal der private Computer ist vor Abhöraktionen sicher, wie die Technik des „Sturmangriffs" zeigt. Diese Abhörvariante, die teilweise nur mit hohem technischen Aufwand betrieben werden kann, wertet die elektromagnetische Strahlung aus, die ein Computer aussendet. Beispielsweise ist die Aufnahme von Bildschirmsignalen, die von Kathodenstrahlbildschirmen ausgesandt werden, schon mit einfachen technischen Mitteln möglich. Benötigt werden dazu eine Dipolantenne, ein Fernseher und ein Oszillator für die Bildschirmsynchronisation.

Möglich ist das Empfangen von Bildschirmsignalen, weil Monitore beim Bildschirmaufbau sogenannte Oberwellen aussenden, die im VHF-Bereich innerhalb eines bestimmten Frequenzbereiches sehr gut empfangen werden können. Ein einzelner Monitor verfügt sogar über einen quasi individuellen „Fingerabdruck", da sich aufgrund der Toleranzen in den verwendeten Baugruppen eine individuelle Abstrahlfrequenz ergibt. Daher ist es möglich, mit dieser Technik auch mehrere Monitore abzuhören, die sich in einem Raum befinden.

Ein solcher Angriff ist zwar sehr arbeitsintensiv, führt aber wesentlich schneller zum Ziel als eine richtige Kryptoanalyse. Die Methode erfordert lediglich einen entsprechend ausgerüsteten Kleinbus, der in der Nähe des abzuhörenden Computers geparkt wird, beispielsweise auf der gegenüberliegenden Staßenseite. Und schon ist es möglich, jeden Tastendruck und jeden Bildschirminhalt aufzuzeichnen. Kein Paßwort und keine Nachricht bleibt den Ermittlern auf diese Weise lange verborgen.

Abwehren läßt sich ein solcher Angriff nur durch eine geeignete Abschirmung des Computers, der Netzwerkverkabelung und aller angeschlossenen Geräte oder durch einen speziellen Störsender. Zwar existieren Firmen, die solche „sturmsicheren" Abschirmungen (Tempest-Norm/AMSG720-Norm) anbieten, jedoch ist der Erwerb in vielen Ländern (etwa auch in Deutschland) genehmigungspflichtig und bleibt meist nur einigen Regierungsbehörden und Rüstungsfirmen vorbehalten.

Das Abschirmen der Monitore allein stellt allerdings keinen ausreichenden Schutz gegen das Ausspähen der Bildschirminhalte dar, denn es gibt noch eine weitere Methode, um an die Daten zu kommen. Der besondere Aufbau der Hochfrequenzteile eines Monitors neigt dazu, Reflektionen des Bildschirmaufbaus im Netzteil auszulösen. Diese Reflektionssignale werden im ganzen Haus über das Steckdosensystem verteilt und können dort mit geringem technischen Aufwand abgegriffen und analysiert werden. Wie einfach diese Technik funktioniert, zeigen die einfachen Haustelefone oder Babyphone, die für wenig Geld erhälich sind und prinzipiell nach dem gleichen Muster arbeiten.

Das Abhören von Computernetzwerken

Je komplexer eine Computeranlage aufgebaut ist, desto einfacher ist es, in sie einzudringen. Dieser auf den ersten Blick paradoxe Satz trifft insbesondere auch auf Computernetzwerke zu.

Der einfachste Weg, ein Angriff auf ein Netzwerk durchzuführen, besteht im Einsatz eines sogenannten „Network-Analyzers". Hierbei handelt es sich um ein Überwachungsprogramm oder auch (etwas teurer) um eine

Überwachungshardware für Netzwerke, die eigentlich zur Fehlerdiagnose eingesetzt wird.

Alle Daten, die im Netzwerk übertragen werden, laufen durch die Netzwerkverkabelung und können von einem Network-Analyzer herausgefiltert und analysiert werden, ohne daß es zu einer Beeinträchtigung der Netzwerkfunktionen kommt. Anhand des Aufbaus des zu analysierenden Datenstroms kann der Täter erkennen, woher (also von welchem Rechner) die Daten kommen und welchen Inhalt sie haben. Auch alle Benutzerkennwörter sowie die zugehörigen Paßwörter durchlaufen diesen Weg und können auf diese Weise ausgespäht werden. Eine herrenlose Anschlußbuchse und etwas Zeit reichen einem Täter somit aus, um ein Netzwerk vollständig unter seine Kontrolle zu bringen. Wenn er dann auch noch den Netzbenutzern ein Hilfsprogramm wie LANASSIST in ihre Rechner einbaut, kann er, ähnlich wie bei einem Überwachungsmonitor, alle Aktionen des jweils ausgewählten Benutzers auf seinem Monitor verfolgen und die entsprechenden Rechner sogar fernsteuern.

Unglücklicherweise sind einige dieser Netzwerkhilfsprogramme auch in der Lage, über sogenannte „Gateways" (Rechnerfernverbindungen) hinweg ihre Funktionen auszuführen. Damit wäre es also einem Täter möglich, beispielsweise aus der Filiale einer Bank heraus das gesamte Netzwerk der Zentrale unbemerkt unter seine Kontrolle zu bringen.

Einen weiteren Angriffspunkt stellen die Netzwerkadapter in den Rechnern dar. Jeder Netzwerkadapter verfügt über eine eindeutige Kennungsnummer, mit dem er sich dem Netzwerk gegenüber identifiziert. Sämtliche Datenströme laufen durch einen mit dem Netzwerk verbundenen Netzwerkadapter, der sich die an ihn adressierten Datenpakete herausnimmt und alle anderen Pakete weiterleitet oder besser weiterleiten sollte. Diese Funktion wird durch ein sogenanntes E-Prom, einem elektronischen Baustein, erledigt. Ein solches E-Prom ist programmierbar und enthält die komplette Logik zur Steuerung des Adapters. Ein einfacher Austausch dieses E-Proms gegen eine vorher manipulierte Version reicht also aus, um den Netzwerkadapter dazu zu veranlassen, daß er die zur Weitergabe bestimmten Daten vor dem Weiterleiten erst kopiert und auf der Festplatte des Hackers speichert. E-Prom-Programmiergeräte sind in jedem Elektronikfachgeschäft für wenig Geld erhältlich, ein E-Prom der benötigten Bauserie kostet weniger als 5,- DM.

Die vorstehend beschriebenen Varianten der Netzwerkmanipulation können jedoch in der Regel nur von fachkundigen Mitarbeitern durchgeführt werden, da ein direkter Zugang zum Netzwerk und zu den Räumlichkeiten vorhanden sein muß. Von den Sicherheitsbeauftragten (vor allem in Banken und Versicherungen) wird die kriminelle Energie der eigenen Mitarbeiter gerne unterschätzt, so daß derartige Manipulationen ausgesprochen häufig vorkommen. Interessanterweise sind es in vielen Fällen gerade die Systemverantwortlichen, die durch Manipulationen auffallen, denn kaum ein Vorstandsmitglied einer Bank kann sich vorstellen, daß ausgerechnet der stets überlastete Netzwerkverantwortliche in seiner Bank mehr Kompetenzen hat als er selbst. Wenn die Manipulationen dann endlich der Revision auffallen, hat der dafür Verantwortliche jedoch meist seinen Wohnsitz in den Süden verlagert und ist nicht mehr auffindbar. Aus Angst vor dem entsprechenden Imageverlust in der Öffentlichkeit gelangen solche Manipulationen meist nicht einmal zur Anzeige, eine Strafverfolgung bleibt daher aus.

Auch einem außenstehenden Täter stehen einige Möglichkeiten zur Verfügung, um in ein Netzwerk einzudringen. So ist es beispielsweise möglich, durch das Anbringen von spannungsabgreifenden Klemmen einen Zugang auf die meist über Kupferkabel übertragenen Daten zu erhalten. Eine Analyse der übertragenen Daten ergibt auch in diesem Fall schnell einen Überblick über die verwendeten Benutzerkennungen und Paßwörter.

Bei der Verwendung von Glasfaserleitungen wird die Funktion der spannungsabgreifenden Klemmen von einfachen Verbindungsstücken übernommen. Ein Abhören von Glasfaserleitungen ist oft sogar noch einfacher als das der Kupferleitungen, da die Signalqualität besser ist.

Lediglich durch einen geringe Abnahme der Signalstärke bei der Datenübertragung ist es möglich, das Anzapfen einer Datenleitung zu erkennen. Mögliche Abwehrmaßnahmen bestehen darin, ummantelte Übertragungskabel und Lichtwellenleiter einzusetzen, die nach Möglichkeit vor unberechtigtem Zugriff geschützt verlegt werden sollten. Der optimale Schutz gegen einen Netzwerkangriff über die Datenleitungen besteht allerdings in einer chiffrierten Datenübertragung. Mit dem Einsatz einer Verschlüsselung bei der Datenübertragung sinkt allerdings die Geschwindigkeit eines Netzwerkzugriffs teilweise sehr stark ab, daher wird eine solche Maßnahme in der Praxis nur sehr selten eingesetzt.

In Sachen Netzwerksicherheit greifen die in Deutschland noch recht naiven Sicherheitsverantwortlichen in den Rechenzentren in der Regel allenfalls zur „Firewall" (Feuerschutzwand), einem Computerprogramm, das vor unbefugten Eindringlingen schützen soll. Die passenden Feuerlöscher liegen bei den Hackern jedoch schon längst bereit. Wie unsicher diese elektronischen Feuerschutzwände sind, zeigt beispielsweise die Tatsache, daß der Sicherheitsbeauftragte der amerikanischen Telefongesellschaft AT&T, Bill Cheswick, seine 300.000 vernetzten Rechner mit nicht weniger als sechs Firewalls schützt. Verstärkt wird sein Sicherheitssystem durch eine Reihe von weiteren elektronischen Hindernissen, die verhindern sollen, daß ein eingedrungener Hacker sich frei im gesamten Netz bewegen kann. Trotz dieser extrem aufwendigen Schutzmechanismen dringen fast täglich Hacker in das AT&T-System ein, wofür allerdings Cheswick unbeabsichtigt zum Teil mitverantwortlich sein dürfte, denn sein Buch über elektronische Abwehrsysteme ist zur Standardlektüre in Hackerkreisen geworden...

Fliegende Horchposten

Seit den 50er Jahren ergänzt die NSA ihre bodengestützte Aufklärung durch den Einsatz von Aufklärungsflugzeugen. Zunächst wurden viermotorige Flugzeuge des Typs EC-130 eingesetzt, die mit hochempfindlichen Abhörgeräten den Funkverkehr entlang der sowjetischen Grenze überwachten. Während sie parallel zur russischen Grenze flogen, konnten diese Flugzeuge die schwachen Signale der zur Luftverteidigung eingesetzten Radaranlagen, des Fernmeldeverkehrs am Boden und die Signale des Mikrowellenbereiches auffangen. Die Signale wurden auf Band aufgenommen und zur Analyse an die NSA geschickt. Diese wirksame und erfolgreiche Methode der Fernmeldeaufklärung ergänzt die Arbeit der Abhörstationen am Boden, weil auf diese Weise dort vorhandene Lücken aufgefüllt werden können.

Bei ihrer Aufklärungsarbeit wurden die Piloten jedoch oftmals mit einem besonderen Problem konfrontiert. Nur die Signale einer Radaranlage, die auch eingeschaltet ist, können abgehört werden, und einige der wichtigsten Radaranlagen werden erst eingeschaltet, wenn ein fremdes Flugzeug die Grenze überflogen hat. Deshalb ließen sich einige Piloten gelegentlich auf das gefährliche Spiel ein und flogen direkt auf die Grenze zu, veranlaßten so das Einschalten der Radaranlagen und wendeten in letzter Minute. Gelegentlich drangen dabei einzelne Piloten absichtlich oder unabsichtlich in den sowjetischen Luftraum ein, was stets zu heftigen Attacken russischer Abfangjäger und auch zu einigen Totalverlusten führte.

Die für die elektronische Fernmeldeaufklärung eingesetzten Maschinen wurden nicht nur als fliegende Hochposten benutzt sondern auch dazu, mit ihren Funkpeilsystemen die genauen Standorte von taktischen Zielen zu ermitteln. Als sogenannte „Airborne-Radio-Direction-Finding-Platforms (ARDF)", (Fliegende Funkpeilstationen), haben solche Flugzeuge im Vietnamkrieg bei der Bekämpfung von Bodenzielen eine wichtige Rolle gespielt. Eingesetzt wurden dabei Flugzeuge des Typs EC-47 mit Funkpeilgeräten im Wert von mehreren Millionen Dollar an Bord. Sie konnten in 2.500 Metern Höhe den unter ihnen liegenden Dschungel elektronisch durchkämmen. Sobald ein feindlicher Verband festgestellt wurde, erfolgte die Weitermeldung an die NSA-Bodenstation. Diese analysierte alle eingehenden Meldungen und leitete sie an die kämpfende Truppe weiter.

Die zur Fernmeldeaufklärung eingesetzten Maschinen der „EC-Serie" waren sehr schwerfällig und boten daher ein leichtes Angriffsziel. Daher wurden sie ab 1955 durch die schnellere, mit Düsentriebwerken ausgestattete U-2 ersetzt. Die absoluten Stars der fliegenden Fernaufklärung sind jedoch der SR-71 „Blackbird" und der Stealth-Fighter. Blackbird, der den Beinamen „Die Schwarze Lady" trägt, erreicht die vierfache Schallgeschwindigkeit und kann in weniger als einer Stunde einen 26.000 Quadratkilometer großen Teil der Erdoberfläche aus einer Höhe von mehr als 26.000 Metern fotografieren. Zugleich können seine hochempfindlichen Sensoren elektronische Schlachtfelder (Zielsuchgeräte und Zielerfassungsradar) aufspüren und mit seitwärts gerichteten Antennen über die Grenze weit ins feindliche Gebiet hineinleuchten. Durch seine hohe Einsatzgeschwindigkeit ist es nahezu unmöglich, ihn abzuschießen.

Der als Tarnkappenbomber bekannte, futuristisch aussehende Stealth-Fighter verfügt über eine Oberfläche, die ihn für Radaraugen nahezu unsichtbar macht. Er kann somit auch in geringer Höhe über feindlichem Gebiet operieren und wird, ähnlich wie der Deutsche ECR-Tornado, vorwiegend zum Aufspüren und Bekämpfen feindlicher Radaranlagen eingesetzt.

Spionagesatelliten

So leistungsfähig Blackbird und Stealth-Fighter auch sein mögen, im Grunde sind sie doch nur Ersatz für die wahren Meisterspione am Himmel, die Spionagesatelliten. Ein Aufklärungsflugzeug wird ein wichtiges Ziel nur solange überwachen, bis ein Satellit in eine für die Überwachung geeignete Position gebracht ist, oder es wird sich lediglich an der Überwachung beteiligen.

Mitte August 1960 gelang es erstmals einem Transportflugzeug über Hawaii mit einem am Heck befestigten Netz eine drei Zentner schwere Kapsel einzufangen, die wenige Minuten zuvor von einem Discoverer-Satelliten ausgestoßen worden war. Diese Leistung symbolisiert den Beginn eines neuen Zeitalters der Spionage, den Vorstoß in den Weltraum. Wenige Tage vor dem Einfangen der Raumkapsel aus der Luft hatte man eine andere Kapsel nach ihrer weichen Landung auf der Meeresoberfläche aufgefischt. Die gelungene Operation hatte bewiesen, daß der Weltraum tatsächlich eine für die Spionage geeignete Plattform ist. Sie zeigte, daß Fotos, die über streng abgeschirmten Gebieten aufgenommen wurden, von dem Satelliten ausgestoßen und zur Auswertung aufgefangen werden konnten.

Anfang 1961 richteten die NSA, der CIA und die Luftwaffe gemeinsam eine zentrale Behörde ein, die seither das Programm für den Einsatz der Spionagesatelliten leitet. Diese Behörde mit dem Namen National Reconnaissance Office (NRO) gilt auch heute noch als „schwarze" Behörde, deren Existenz von der Regierung bestritten wird. Kurz vor der Aufstellung der NRO gelang der Luftwaffe der erste erfolgreiche Start der zweiten Generation von Spionagesatelliten des Typs Samos.

Im Jahr 1961 wurde der erste Spionagesatellit des Typs Samos in die Erdumlaufbahn gebracht. Er lieferte seine Photos nicht in einer von dem Satelliten ausgestoßenen Kapsel, sondern entwickelte sie automatisch während der Erdumkreisung, um sie dann zur Erde zu funken. Weil die Aufnahmen bei einem solchen System nicht sehr scharf waren, verwendete man dieses System in der Hauptsache für die Überwachung größerer Gebiete. Die Satelliten, die die Kapsel mit den Filmen ausstoßen konnten, setzte man in niedrigeren Umlaufbahnen ein, wo sie die auf den Photos ausgewählten Ziele aus einer näheren Entfernung aufnehmen konnten.

Die fotografische Aufklärung war nicht die einzige Aufgabe, die man mit dem Einsatz von Satelliten zu lösen hoffte. Ebenso wichtig waren die Möglichkeiten, die sich bei der Verwendung von Satelliten für die elektronische Fernmeldeaufklärung ergaben.

Das waren Aufgabengebiete, mit denen sich die Wissenschaftler bei der NSA schon seit längerer Zeit beschäftigten.

Anfang der 80er Jahre lief bei der Firma Lockheed die Serienproduktion einer neuen Generation von Spionagesatelliten mit dem Namen Big Bird und Keyhole, (großer Vogel und Schlüsselloch), an. Big Bird ist eine massive, zwölf Tonnen schwere, etwa 17 Meter lange Spionagestation. Sie ist mit einer Spezialkamera ausgerüstet, die ein außerordentlich gutes Auflösungsvermögen hat, und aus einer Höhe von 145 Kilometern Objekte mit einer Länge von 20 Zentimetern sichtbar machen kann. Infrarotkameras an Bord des Satelliten können getarnte unterirdische Raketensilos ausmachen, weil die Temperatur der Silos höher ist als die des sie umgebenden Erdreichs. Weitere Aufklärungsmöglichkeiten werden durch die Multispektralphotographie gegeben, die es ermöglicht, zur Tarnung verwendete Materialien auszumachen. Ferner enthalten sie eine ganze Reihe von Abhörgeräten. Die Schwäche von Big Bird liegt in seiner kurzen Lebenszeit von lediglich 180 Tagen, da sein Operationsgebiet eine sehr nahe Erdumlaufbahn ist und er sich dort wegen der Erdanziehungskraft nicht länger halten kann. Daher mußten jährlich durchschnittlich zwei neue Big Birds in Umlauf gebracht werden.

Satelliten des Typs Keyhole arbeiten in einer Umlaufbahn, die fast doppelt so hoch ist, wie die höchste Umlaufbahn von Big Bird. Daher haben sie eine durchschnittliche Lebenserwartung von zwei Jahren. Sie sind außerdem in der Lage, belichtete Filme und Tonbänder in Kanister zu verpacken, die mit dem Fallschirm nördlich von Hawaii auf den Pazifischen Ozean niedergehen. Dort können sie entweder in der Luft aufgefangen oder dicht unter der Wasseroberfläche geborgen werden, wo sie zur besseren Ortung Radio- und Sonarsignale abgeben.

Doch trotz der technischen Wunder, die Big Bird und Keyhole wirken konnten, hatten die Satelliten Probleme bei der telemetrischen Überwachung, denn auf ihren niedrigen Umlaufbahnen ließen sie sich sehr leicht von den sowjetischen Technikern orten. Diese richteten dann einfach den Zeitplan für kritische Aktivitäten, etwa Raketentests, so ein, daß sie erfolgten, wenn die Satelliten außer Sichtweite waren.

Durch den Einsatz des Space Shuttle ist es heute möglich, wesentlich höhere Nutzlasten in den Weltraum zu befördern, als durch den Einsatz der riesigen Trägerrakete Titan III. Der Weltraumgleiter befördert auch die heute eingesetzten Spionagesatelliten des Typs Aquacade in den Weltraum. Der Aquacade-Satellit ist ein Allround-Talent in Sachen Spionage. Er überträgt Bilder zur Erde, auf denen man sogar Gesichter und Nummernschilder von Autos erkennen kann. Seine Abhörelektronik kann nicht nur alle gängigen militärischen Funkfrequenzen und Mikrowellenkanäle der zivilen Vermittlungsstellen empfangen, sondern vermag auch die Signale der in vielen Ländern eingesetzten GSM-Funktelefone zu entschlüsseln. Aquacade ist sogar schon auf das Abhören des für die Jahrtausendwende geplanten weltumspannenden Satellitentelefonnetzes mit dem Namen Iridium programmiert, das derzeit von der Firma Motorola entwickelt wird.

10.

Organisierte Kriminalität

In der Organisierten Kriminalität spielt der Einsatz von EDV eine immer größere Rolle. Zwischen den Ermittlungsbehörden und den Tätern hat eine regelrechtes „Wettrüsten" eingesetzt, das die Ermittler jedoch ob der stets angespannten Haushaltslage schon am Start verloren haben. Während bei den Berufsverbrechern die modernsten Kommunikationseinrichtungen stehen, tippen die Ermittlungsbeamten ihre Vernehmungsprotokolle meist noch auf einer mechanischen Schreibmaschine. Außerdem verfügen Ermittler in der Regel nicht über die Zeit, die sie bräuchten, um mit der auf synergetischen Effekten beruhenden Wissensentwicklung (nämlich dem absolut offenen Informationsaustausch in der Szene) mithalten zu können. Ein Übriges steuert die Infrastruktur des öffentlichen Dienstes bei, die Innovation und selbständige Aktionen nicht gerade fördert. Ein Beispiel, das dies illustriert, ist der folgende fiktive, aber durchaus realitätsnahe Fall.

Der POLIS-Hack

Für die Besatzung des Streifenwagens 14-22 ist das Dienstende endlich in Sicht. Nachdem sie sich bei einem Schnellimbiss mit ein paar Kalorien versorgt haben, steigen sie wieder in ihren Wagen und treten den Rückweg zur Wache an. Nach kurzer Fahrzeit fällt ihnen ein Fahrzeug mit defektem Rücklicht auf. Beim Überholen fällt ihr Blick auf die dubiosen Gestalten in dem verwahrlosten Fahrzeug. „Grund genug für eine Überprüfung", denken sie sich und zücken die Kelle. Die Insassen des Fahrzeugs machen einen ausgesprochen ausgelassenen Eindruck und reichen den Beamten bereitwillig ihre Papiere. Während der eine Beamte die Verdächtigen im Auge behält, begibt sich der andere zum Streifenwagen, um eine Personenüberprüfung des Fahrers, eines Herrn Alex Müller, durchzuführen. Er greift zum Funkgerät und setzt die entsprechende Meldung ab: „Leo 14-01 von 14-22, kommen."

Der Beamte in der Hauptwache stellt seine Kaffeetasse ab und antwortet: „Kommen Sie, 22." Der kontrollierende Beamte fährt fort und gibt die Daten des Herrn Müller durch: „Eine Person ADV, Müller, ich buchstabiere: Marta-Übermut-Ludwig-Ludwig-Emil-Richard, Vorname Alex, geboren 28.02.72." In der Wache greift der Beamte zur Tastatur und gibt die übermittelten Daten ein. Das Ergebnis ist negativ, daher gibt er dem Streifenwagen das vereinbarte Kennwort: „14-22, Person ist Emil".

Nachdem die Beamten des Streifenwagens dem Fahrer die Papiere zurückgegeben haben, ermahnen sie ihn, das Rücklicht zu reparieren und setzen ihren Weg zur Wache fort. Sie ahnen nicht, daß sie einen per Haftbefehl gesuchten Verbrecher fahren lassen. Der Straftäter hat mit Hilfe eines versierten Hackers einfach den Fahndungscomputer manipuliert und den Haftbefehl und die auf frühere Straftaten verweisenden Einträge gelöscht.

Die Geschichte ist fiktiv, der Hintergrund jedoch mehr als real, denn einer Hackergruppe aus Berlin, die auch für den rasanten Anstieg der EC-Karten-Mißbrauchsfälle dort verantwortlich ist, ist es gelungen, in einen der sensibelsten Bereiche der Ermittlungsbehörden vorzustoßen: das

POLIS-Netzwerk. Diese unter DATEX-P vernetzte Datenbank speichert nicht nur die im polizeilichen Führungszeugnis enthaltenen Informationen sondern auch umfangreiche Angaben zur Person, wie beispielsweise Personenbeschreibungen und etwaige Verdachtsmomente. Diese Informationen werden dann im Falle einer „Rasterfahndung" mit bereits ermittelten Tätermerkmalen verglichen und fördern dann eine Liste mit möglichen Tätern zu Tage. Welche Folgen dies für die Fahndungserfolge der Polizei haben könnte, können Sie aus dem obigen Beispiel ersehen.

Kinderpornos im Internet

Die in unserer Republik an ihrem Überfluß erstickende Bevölkerung wird immer dekadenter. Neue Reizimpulse werden gesucht, und eine der Varianten zu deren Erlangung ist das Abgleiten in sexuelle Perversion. Betroffen davon sind immer häufiger die Mitglieder unserer Gesellschaft, die sich am wenigsten zur Wehr setzen können: unsere Kinder. Zwar gehen die Ermittlungsbehörden ungewöhnlich motiviert gegen die Verbreitung von Kinderpornographie vor, jedoch haben die Straftäter sehr schnell reagiert und verlagern zunehmend ihr „Informationsangebot" auf die Datenautobahn.

Unter der Informationsgruppe „alt.sex.children" werden die illegalen Informationen öffentlich gehandelt. Ein Anbieter, der unter dem Absender „tina@adult.net" auftritt, bietet beispielsweise unter der Zugangsadresse „http://www.diode.com/adultnet" einige tausend pornographische Photos an, deren Akteure häufig Kinder sind. Obwohl dies in aller Öffentlichkeit geschieht, haben die Ermittlungsbehörden noch nicht reagiert. Es bleibt zu hoffen, daß nach der Veröffentlichung der Adresse in diesem Buch der Zugang zumindestens von den deutschen Internet-Anbietern gesperrt wird.

Bei den Internet-Recherchen zu diesem Kapitel tauchte ein um Anonymität bemühter"Informationsanbieter" auf, dessen Vorgehen durchaus Rückschlüsse auf seine wahre Identität erlaubt. In seiner Internetseite bietet er ebenfalls unter der Rubrik „alt.sex.children" vollmundig „unzensierte" Kinderpornos an. An dieser Stelle wird er jedoch leichtsinnig, denn er verweist auf Telefonnummern, die zu einem Bulletin-Board-System führen, das nicht in das Internet-System integriert ist. Eine Überprüfung der in der Anzeige angegebenen Rufnummern ergab, daß es sich um Audiotextrufnummern handelt. Die Spur führte weiter nach Hong Kong, wo eine Firma mit dem Namen VISL Audiotextrufnummern an Drittpersonen vermietet. Die in der Anzeige genannten Rufnummern gehören zum Leitungspool von VISL. Nach langem Zögern war eine indiskrete und mit Sinn für Ethik ausgestattete Mitarbeiterin des Hauses VISL bereit, den eigentlichen Leitungsinhaber zu nennen: einen als ausgesprochen materiell orientiert geltenden und in der Hackerszene bestens bekannten Hacker aus der Umgebung von München. Es bleibt zu hoffen, daß die ermittelnden Behörden diesem Hacker erneut entgegentreten werden und der weiteren Verbreitung von Kinderpornographie durch ihn ein Ende gesetzt wird.

Drug-Net (Drogen im Netz)

Besonders stark macht sich das technische Defizit der Ermittlungsbehörden dort bemerkbar, wo mit illegalen Handlungen sehr viel Geld verdient wird. Einer dieser Bereiche ist das Verbreiten von Drogen aller Art. Längst bedienen sich Drogenhändler bzw. Verbreitungsringe der kryptologischen Fähigkeiten von Computern und tauschen über die Datenautobahn rege Informationen über ihre Lieferlogistik sowie über angelaufene Ermittlungsmaßnahmen aus.

Unterstützung von ungewohnter Seite

Unbeabsichtigt sind die Strafverfolgungsbehörden an der rasanten technischen Entwicklung innerhalb der Szene der organisierten Kriminalität mitschuldig, denn wenn es ihnen gelingt, einen Hacker zu erwischen, landet dieser verständlicherweise oftmals im Gefängnis. Die dort betriebenen Methoden der „Resozialisierung" haben allerdings leider in der Praxis eher den Charakter einer massiven Asozialisierung. Nach dem Verbüßen ihrer Strafe haben die meist hochqualifizierten Täter kaum eine Chance auf einen erneuten Einstieg in ihrem alten Beruf.

Da gute EDV-Spezialisten nicht nur im legalen Berufsleben nur sehr schwer zu finden sind, werden diese freien Kapazitäten gerne von kriminellen Organisationen genutzt. Die entsprechenden Kontakte werden meist schon während der Haft geknüpft.

Anhang

Eine kurze Einführung in die Welt der Gene

Die DNS besteht aus Phosphaten, Zucker und den vier verschiedenen Basen Adenin, Cytosin, Guanin und Thymin. Die Basen sind die eigentlichen Informationsträger, sozusagen die Diskette der Zelle, und werden in der Sprache der Genetiker mit ihren Anfangsbuchstaben A, C, G und T abgekürzt. Die DNS ähnelt einer fadenförmigen und spiralartig gedrehten Strickleiter. Die Holme dieser Strickleiter werden von Zuckermolekülen (Ribosen) und Phosphatgruppen, die Sprossen von jeweils zwei miteinander verbundenen Basenpaaren gebildet. Es können sich dabei aber nur Cytosin (C) und Guanin (G) oder Adenin (A) und Thymin (T) zu einem Paar verknüpfen, es sind also nur die Kombinationen CG, GC, AT und TA möglich. In einem einzigen DNS-Molekül sind Millionen von Basenpaaren untergebracht. Die in jeder einzelnen menschlichen Zelle vorhandenen DNS-Stränge würden, aneinandergereiht, ungefähr zwei Meter messen. Die DNS des menschlichen Körpers ergäbe ein Informationsband von ungefähr 16 Milliarden Kilometern Länge.

Die gesamte Erbinformation auf der DNS wird nur von der charakteristischen Abfolge der verschiedenen Basen bestimmt. Erst in den 70er Jahren gelang es, den chemischen Aufbau einzelner DNS-Abschnitte, der Gene, aufzuklären. Von ihnen hängt es ab, ob wir blaue oder braune Augen haben, schwarzes oder blondes Haar, ob einer musikalisch ist oder anfällig für bestimmte Krankheiten. Man

BAEDEKER mittendrin.

Lust auf Lesen

Centro Oberhausen

BAEDEKER mittendrin.

Lust auf Lesen

CentrO Oberhausen

fand heraus, daß sich der chemische Aufbau der DNS bei allen Lebewesen lediglich durch die Art, die Anordnung und die Anzahl der Gene unterscheidet. Je höher ein Lebewesen entwickelt ist, desto mehr Informationen sind auf dem DNS-Faden gespeichert.

Neben der DNS existiert im Zellkern auch noch eine andere Nukleinsäure, die Ribonukleinsäure (RNS). Ihr Zuckermolekül verfügt über ein zusätzliches Sauerstoffatom, und anstelle der Base Thymin enthält sie die Stickstoffbase Uracil. Die RNS ist ein spiegelverkehrtes Abbild der DNS und dient bei der Zellteilung als Bauplan für die Erstellung einer neuen DNS. Ohne die nach den Anweisungen der DNS oder RNS aufgebauten Proteine könnte weder ein tierischer noch ein menschlicher Organismus existieren.

In den vergangenen 20 Jahren ist es den Forschern gelungen, wesentliche Einsichten in die Summe der Erbinformationen, das Genom, zu gewinnen. Heute unterscheidet man zwischen Struktur- und Regulationsgenen. Die Strukturgene enthalten die genetische Information zur Bildung eines Proteins, während die Regulationsgene für das An- und Abschalten der Proteinproduktion zuständig sind. Das erklärt, warum zwar in jeder Zelle eines Organismus die gesamte, identische Erbmasse vorhanden ist, aber nur jeweils ein Teil aktiviert wird, Die differenzierte Aufgabenteilung zwischen den Körperzellen höher entwickelter Organismen wird so ermöglicht.

Über das Schicksal eines Lebewesens entscheiden also nicht voneinander losgelöste einzelne Gene. Das Zusammenspiel vieler Erbanlagen innerhalb der DNS ist dafür ebenso verantwortlich wie zahlreiche Vorgänge innerhalb und außerhalb der Zelle.

Außerdem sind es vor allem auch die unterschiedlichsten Umweltfaktoren, die eine Förderung, Unterdrückung oder Veränderung einer genetischen Information zur Folge haben. Sehr eindrucksvoll beweist dies die immer größer werdende Liste von Substanzen, die im Verdacht stehen, Krebs zu erregen.

Bisher wurde nur ein kleiner Teil der Erbanlagen aller Lebewesen entschlüsselt. Um im Genom eines Organismus dennoch einzelne Gene finden und manipulieren zu können, muß der lange DNS-Faden in kleine übersichtliche Stücke unterteilt werden. Ermöglicht wurde dies durch die Entdeckung der Restriktionsenzyme, die eine DNS an einer vorhersagbaren Stelle zerschneiden können. Neben diesen chemischen Scheren gibt es auch noch andere Enzyme, die Ligasen, die DNS-Stücke wieder miteinander verbinden können. Neben der chemischen Schere und dem molekularen Klebstoff bedarf es auch noch eines Transportmediums für die Gensegmente. Dieses fand sich durch die Entdeckung der Antibiotikaresistenz von Bakterien. Diese Mikroorganismen besitzen neben ihrem eigenen Genom kleine, ringförmige DNS-Abschnitte, die Plasmide. Die auch als Gen-Fähren bezeichneten Plasmidvektoren haben den Vorteil, daß sie relativ einfach gebaut und gut erforscht sind.

Die Plasmide werden mit Restriktionsenzymen aufgeschnitten und das neue Gen eingefügt, welches ein fester Bestandteil von ihnen wird. Plasmide haben die Eigenschaft, die Zellmembranen von Bakterien zu durchwandern. Im Inneren der Zelle angekommen, vermehren sie sich selbständig und produzieren dabei ständig neue Kopien ihres Erbgutes samt fremdem Gen. Dieser Vorgang wird als Klonen bezeichnet.

Nun hatte man das Werkzeug, um in lebende Zellen einzudringen und dort gezielt Veränderungen vorzunehmen. Man konnte einen bestimmten Genabschnitt identifizieren, seine Wirkung erkennen, ihn herausschneiden, in ein Plasmid einsetzen und dieses Plasmid in ein Bakterium hineinbringen. Dabei erwies sich die Fähigkeit des Mikroorganismus, sich beliebig vermehren zu können, von unschätzbarem Wert. Erstmals ließ sich ein einzelner DNS-Abschnitt vervielfältigen, Gentechnik also mit einem einzigen Molekül betreiben. Dagegen verlangen auch die empfindlichsten chemischen Methoden mindestens eine Milliarde von Molekülen.

Die Zelle, die man am besten kennt und handhaben kann, ist das auch im menschlichen Darm vorkommende Colibakterium. Es ist zum Arbeitspferd der Gentechniker geworden. Ein Colibakterium vermag in weniger als zehn Sekunden bei 37 Grad Celsius mehr als 3.000 Eiweißmoleküle gleichzeitig herzustellen. Mit dieser außerordentlichen Leistung können selbst modernste chemische Verfahren nicht annähernd mithalten.

Kryptologie für Mathematik-Interessierte

Symmetrische Verschlüsselung

Bei einer symmetrischen Verschlüsselung wird zur Ver- und Entschlüsselung ein geheimer Schlüssel verwendet. Dieser Schlüssel muß vor einer Nachrichtenübermittlung sowohl dem Versender als auch dem Empfänger der Nachricht bekannt sein. Der Einsatz einer symmetrischen Verschlüsselungsprozedur eignet sich besonders dann, wenn eine hohe Verschlüsselungsrate benötigt wird. Ein Nachteil des symmetrischen Verfahrens liegt darin, daß bei mehreren Teilnehmern eine sehr hohe Anzahl von Schlüsseln gebraucht wird. So sind beispielsweise für eine verschlüsselte „Konferenz" von 100 Teilnehmern 4.450 Schlüssel erforderlich. Der eigentliche Schwachpunkt eines symmetrischen Schlüssels liegt jedoch darin, daß vor einer Kommunikation erstmal der Schlüssel ausgetauscht werden muß. Wenn ein solcher Schlüsseltransport (beispielsweise via Internet) abgefangen wird, ist die gesamte Verschlüsselung unbrauchbar geworden. Eine symmetrische Chiffrierung eignet sich allerdings sehr gut zur Verschlüsselung von Dateiinhalten.

DES ist die wohl bekannteste und wahrscheinlich am weitesten verbreitete Verschlüsselung nach dem symmetrischen Prinzip. Der DES-Algorithmus verwandelt jeweils 64 Bit Klartext durch die Anwendung einer sechzehnfachen Rotation (Permutation) in eine ebenso lange Bitfolge chiffrierten Textes. Der DES-Schlüssel verwendet eine Schlüsseltabelle, die lediglich 56-Bit „breit" ist, wobei 8 Bit der Fehlerkorrektur dienen. Die DES-Verschlüsselung stellt sich wie folgt dar:

Die 64 Bit (Klartext) werden zunächst verwürfelt (permutiert). Dann wird das Ergebnis in 16 Runden (Arbeitsschritten) modifiziert und dann wieder repermutiert. Jede der 16 Runden vertauscht hierbei die jweils ersten und letzten 4 Byte. Die zweite Byte-Gruppe wird mit Hilfe des Ergebnisses der letzten Permutationsrunde, 8 S-Boxes (substitution boxes), und des Schlüssels verschlüsselt.

Die Sicherheit von DES hängt signifikant von der Art der Nutzung ab. Wird beispielsweise der Schlüssel auf Klartext angewendet, so ergeben sich aus konstanten Klartextteilen Hinweise auf den Geheimtext wie auch auf den Schlüssel. Dort wo DES kommerziell eingesetzt wird, wird meist dieser Fehler gemacht. Wie leichtsinnig eine solche Anwendung ist, wurde auf der RSA-Konferenz Anfang 1994 gezeigt, wo eine Methode vorstellt wurde, die aus bekannten Klartext-Geheimtext-Paaren den DES-Schlüssel ableitet. Der Algorithmus wurde auf einem SUN-Rechner auf einen 8-Runden DES angesetzt und schaffte einen Durchsatz von 10 Bits in 10 Sekunden bei einer Trefferwahrscheinlichkeit von 80 Prozent. Wie dieser Algorithmus funktioniert, kann jeder Interessierte unter der Internet-Adresse:

//ftp.uni.paderborn.de/FAQ/sci.crypt/

nachlesen. Anders ist es, wenn die einzelnen verschlüsselten Blöcke mit einer XOR-Verknüpfung verbunden werden. Auch diese Methode ist allerdings nichts wert, wenn einem Codebrecher der Geheimtext bekannt ist. Dann ist es sehr einfach möglich, den kompletten Schlüssel zu ermitteln.

IDEA ist ein symmetrischer Verschlüsselungsalgorithmus, der auf der Kombination einfacher Rechenoperationen basiert. Verwendet werden dabei die bitweise Additionen zweier Zahlen (ohne Übertrag) und die Addition zweier Zahlen ohne Berücksichtigung des Übertrags über 216 hinaus sowie die Multiplikation zweier Zahlen und Bildung des Restes nach Division durch 216+1. Dabei werden 0 und 216 besonders behandelt. Vor Beginn der Multiplikation wird eine 0 durch 216 ersetzt, das Ergebnis 216 wiederum wird als 0 interpretiert.

Aus dem 128-Bit-Schlüssel werden Teilschlüssel berechnet. Hierfür wird der Schlüssel in acht 16 Bit große Teile geteilt. Anschließend wird der 128-Bit-Schlüssel um 25 Bit nach links rotiert und wieder in acht Blöcke zu je 16 Bit unterteilt. Dann wird wieder rotiert usw. Zum Entschlüsseln kann dasselbe Verfahren verwendet werden wie für die Verschlüsselung. IDEA stellt eine Weiterentwicklung des DES-Schlüssels dar und ist in weiten Teilen mit der ursprünglichen Verschlüsselungsidee der Firma IBM (Lucifer) identisch. IDEA ist ein vergleichsweise „junges" Verschlüsselungssystem, da es erst 1991 von Lai und Massey zum Patent eingereicht wurde.

Asymmetrische Verschlüsselung

Ein asymmetrisches Verschlüsselungsverfahren basiert darauf, daß der Versender einer Nachricht den geheimen Schlüssel des Empfängers nicht kennt. Der Versender verschlüsselt seine Nachricht mit einem „öffentlichen" Schlüssel (public key) des Empfängers, der auch über einen unsicheren Leitungsweg übermittelt werden kann. Der zum Entschlüsseln notwendige „private" Schlüssel befindet sich nur beim Empfänger der Nachricht.

RSA ist der bekannteste Vertreter eines asymmetrischen Verschlüsselungsverfahrens und wurde bereits 1977 von Rives, Shamir und Adleman entwickelt. Seinerzeit war es das erste öffentlich bekannte Verfahren, das die Idee des öffentlichen Schlüssels einsetzen konnte. Das System basiert auf Rechnungen im Körper der ganzen Zahlen, wobei zwei Primzahlen verwendet werden. Besonders interessant sind hierbei die Exponentialfunktionen, denn es ist kein effizientes Verfahren bekannt, die darauf basierende Rechnung umzukehren. Beispielsweise ist es recht einfach, eine zweistellige Zahl (wie die 15) in ihre Primzahlenfaktoren (3 und 5) zu zerlegen. Versucht man jedoch entsprechendes bei einer Zahl mit über hundert Stellen, so bereitet man damit selbst einem Supercomputer des Typs CRAY einige Probleme.

Etwas Vorsicht ist jedoch bei der Anwendung eines asymmetrischen Schlüssels geboten, denn heute können selbst Zahlen mit bis zu 30 Stellen von einem handelsüblichen PC innerhalb weniger Sekunden in die entsprechenden Primzahlenfaktoren zerlegt (also geknackt) werden. Es empfiehlt sich also die Verwendung eines mindestens 512 Bit „starken" Schlüssels, was 155 Dezimalstellen entspricht. Ein signifikanter Nachteil einer asymmetrischen Chiffrierung besteht darin, daß die erforderlichen Rechenoperationen sehr zeitaufwendig sind. Ein Einsatz bei der

Verschlüsselung von großen Datenmengen, beispielsweise von Dateiinhalten, ist daher unter funktionalen Gesichtspunkten nicht zu empfehlen.

Bluebox für Technik-Interessierte

Hinweis

Es handelt sich bei den nachstehenden technischen Informationen um eine nicht mehr aktuelle Bluebox-Konfiguration, die einer Hackermailbox entnommen wurde. Ein Mißbrauch ist daher ausgeschlossen.

Bluebox-Frequenzen und Tonwahl-Frequenzen

Frequenzen	Bedeutung	Impulsdauer	Pause
4800Hz	Auflegen (Break1)	40ms	1/50 s
4800/5200Hz	Auflegen (Break2)	40ms	1/50 s
2400/2400Hz	Abheben (Size)	40ms	1/50 s
1400/1800Hz	1	40ms	1/50 s
1400/1200Hz	2	40ms	1/50 s
1800/2200Hz	3	40ms	1/50 s
1400/2600Hz	4	40ms	1/50 s
1800/1600 Hz	5	40ms	1/50 s
2200/2600 Hz	6	40ms	1/50 s
1400/3000 Hz	7	40ms	1/50 s
1800/3000 Hz	8	40ms	1/50 s
2200/3000 Hz	9	40ms	1/50 s
2600/3000 Hz	0	40ms	1/50 s
1800/2400 Hz	STP (Steuercode)	40ms	1/50 s

1400/2400 Hz	SM (Steuercode)	40ms	1/50 s
2600/2400 Hz	KP2 (Steuercode)	40ms	1/50 s
3000/2400 Hz	ST (Steuercode)	40ms	1/50 s
2200/2400 Hz	KP (Steuercode)	40ms	1/50 s

Gesetze zur Computerkriminalität

StGB §202a (Ausspähung von Daten)

(1)Wer unbefugt Daten, die nicht für ihn bestimmt und die gegen unberechtigten Zugang besonders gesichert sind, sich oder einem anderen verschafft, wird mit Freiheitsstrafe bis zu drei Jahren oder mit Geldstrafe bestraft.

(2)Daten im Sinne des Absatzes 1 sind nur solche, die elektronisch, magnetisch oder sonst nicht unmittelbar wahrnehmbar gespeichert sind oder übermittelt werden.

StGB §263a (Computerbetrug)

(1) Wer in der Absicht, sich oder einem Dritten einen rechtswidrigen Vermögensvorteil zu verschaffen, das Vermögen eines anderen dadurch beschädigt, daß er das Ergebnis eines Datenverarbeitungsvorgangs durch unrichtige Gestaltung des Programms, durch Verwendung unrichtiger oder unvollständiger Daten, durch unbefugte Verwendung von Daten oder sonst durch unbefugte Einwirkung auf den Ablauf beeinflußt, wird mit Freiheitsstrafe bis zu fünf Jahren oder mit Geldstrafe bestraft.

StGB §266b (Mißbrauch v. Scheck- und Kreditkarten)

(1) Wer die ihm durch die Überlassung einer Scheckkarte oder einer Kreditkarte eingeräumte Möglichkeit, den Aussteller zu einer Zahlung zu veranlassen, mißbraucht und diesen dadurch schädigt, wird mit Freiheitsstrafe bis zu drei Jahren oder mit Geldstrafe bestraft.

StGB §269 (Fälschung beweiserheblicher Daten)

(1) Wer zur Täuschung im Rechtsverkehr beweiserhebliche Daten so speichert oder verändert, daß bei ihrer Wahrnehmung eine unechte oder verfälschte Urkunde vorliegen würde, oder derart gespeicherte oder veränderte Daten gebraucht, wird mit Freiheitsstrafe bis zu fünf Jahren oder mit Geldstrafe bestraft.

StGB §303a (Datenveränderung)

(1) Wer rechtswidrig Daten löscht, unterdrückt, unbrauchbar macht oder verändert, wird mit Freiheitsstrafe bis zu zwei Jahren oder mit Geldstrafe bestraft.

StGB §303b (Computersabotage)

(1) Wer eine Datenverarbeitung, die für einen fremden Betrieb, ein fremdes Unternehmen oder eine Behörde von wesentlicher Bedeutung ist, dadurch stört, daß er
1. eine Tat nach §303a Abs. 1 begeht oder
2. eine Datenverarbeitungsanlage oder einen Datenträger zerstört, beschädigt, unbrauchbar macht, beseitigt oder verändert, wird mit Freiheitsstrafe bis zu fünf Jahren oder mit Geldstrafe bestraft.

BSI-Gesetz §3 (Aufgaben des BSI)

(1)Das Bundesamt hat zur Förderung der Sicherheit in der Informationstechnik folgende Aufgaben:

1. Untersuchung von Sicherheitsrisiken bei Anwendung der Informationstechnik sowie Entwicklung von Sicherheitsvorkehrungen, insbesondere von informationstechnischen Verfahren und Geräten für die Sicherheit in der Informationstechnik, soweit dies zur Erfüllung von Aufgaben des Bundes erforderlich ist,

2. Entwicklung von Kriterien, Verfahren und Werkzeugen für die Prüfung und Bewertung der Sicherheit von informationstechnischen Systemen oder Komponenten,

3. Prüfung und Bewertung der Sicherheit von informationstechnischen Systemen oder Komponenten und Erteilung von Sicherheitszertifikaten,

4. Zulassung von informationstechnischen Systemen oder Komponenten, die für die Verarbeitung oder Übertragung amtlich geheimgehaltener Informationen (Verschlußsachen) im Bereich des Bundes oder bei Unternehmen im Rahmen von Aufträgen des Bundes eingesetzt werden sollen, sowie die Herstellung von Schlüsseldaten, die für den Betrieb zugelassener Verschlüsselungsgeräte benötigt werden,

5. Unterstützung der für Sicherheit in der Informationstechnik zuständigen Stellen des Bundes, insbesondere, soweit sie Beratungs- oder Kontrollaufgaben wahrnehmen; dies gilt vorrangig für den Bundesbeauftragten für Datenschutz, dessen Unterstützung im Rahmen der Unabhängigkeit erfolgt, die ihm bei der Er-

208

füllung seiner Aufgaben nach dem Bundesdatenschutzgesetz zusteht,

6. Unterstützung

a) der Polizei und Strafverfolgungsbehörden bei der Wahrnehmung ihrer gesetzlichen Aufgaben,

b) der Verfassungsschutzbehörden bei der Auswertung und Bewertung von Informationen, die bei der Beobachtung terroristischer Bestrebungen oder nachrichtendienstlicher Tätigkeiten im Rahmen der gesetzlichen Befugnisse nach den Verfassungsschutzgesetzten des Bundes und der Länder anfallen.

Die Unterstützung darf nur gewährt werden, soweit sie erforderlich ist, um Tätigkeiten zu verhindern oder zu erforschen, die gegen die Sicherheit in der Informationstechnik gerichtet sind oder unter Nutzung der Informationstechnik erfolgen. Die Unterstützungsersuchen sind durch das Bundesamt aktenkundig zu machen.

7. Beratung der Hersteller, Vertreiber und Anwender in Fragen der Sicherheit in der Informationstechnik unter Berücksichtigung der möglichen Folgen fehlender oder unzureichender Sicherheitsvorkehrungen.

(2)Im Falle des Absatzes 1 Nr. 2 werden Entscheidungen über Kriterien und Verfahren, die als Grundlage für die Erteilung von Sicherheitszertifikaten nach §4 dienen, im Einvernehmen mit dem Bundesminister für Wirtschaft getroffen.

So schützen Sie sich

So schützen Sie sich vor Hackern

In Amerika verläßt sich kein Sicherheitsexperte mehr allein auf die vielen Sicherheitstools der Softwarefirmen, an die deutsche Netzwerkverantwortliche in ihrer Naivität noch nahezu vorbehaltlos glauben. Dort ist es mittlerweile üblich, versierte Computerhacker zu Rate zu ziehen, die dem Netzwerk „den letzten Schliff" geben.

Dies liegt daran, daß in der Vergangenheit Systemverantwortliche immer wieder erstaunt über die Art des Vorgehens waren, die Hacker an den Tag legen. Gute Hacker verfügen über eine besondere „Beziehung" zu Computern und beschreiten Wege, die einfach außerhalb der analytischen Denkweise von Systemverantwortlichen liegen. Diese Form der „Resozialisierung" von Hackern hat sich in Amerika bestens bewährt. Es bleibt zu hoffen, daß auch in Deutschland künftig ähnliche Wege beschritten werden.

Bei Hackern handelt es sich oftmals um sehr junge Straftäter. Daher ist es notwendig, daß Eltern dem Computerinteresse ihrer Sprößlinge eine besondere Aufmerksamkeit schenken. Der bewußte Umgang mit Daten wird in Amerika bereits im Kindergarten vermittelt. Es ist durchaus wünschenswert, daß sich Kinder schon frühzeitig für Computer interessieren. Der Rechner sollte jedoch nicht zum einzigen Spielgefährten werden und schon gar nicht zur „Ruhigstellung" von Kindern dienen. Kinder besitzen die Fähigkeit, sehr schnell zu lernen. Daher ist es nicht verwunderlich, daß sie sehr schnell umfangreiche Fertigkeiten im Umgang mit Rechnern entwickeln. Dies wird von Eltern häufig als besondere Form von Intelligenz fehlinterpretiert und falsch gefördert. Grundsätzlich sollten

Kinder erst einmal die Fähigkeit entwickeln, auf Bäume zu klettern, mit Kirschkernen zu spucken, Fußball zu spielen und sich zu raufen - bevor sie ihr Hauptinteresse der Tastatur widmen.

So schützen Sie sich vor Electronic Mobbing

Für einen Hacker ist ein Verzeichnis mit dem Namen „TEMP" in der Regel nicht sehr interessant, da dort nur temporäre, unwichtige Daten abgelegt werden. Ein kleiner Trick zur Hackerabwehr besteht darin, daß man in diesem Verzeichnis einfach Unterverzeichnisse mit den Namen „INI". GRP" und „REG" anlegt und alle Dateien mit den entsprechenden Endungen in diese Verzeichnisse kopiert. In der Startdatei „AUTOEXEC.BAT" sollte ein Eintrag stehen, der diese Sicherheitskopien der wichtigen Dateien automatisch beim Starten des Rechners in die entsprechenden Verzeichnisse kopiert. Manipulierte Daten werden somit einfach überschrieben.

In Windows 95 stellt die Manipulation an den „.REG"-Dateien mit Hilfe des Registriereditors „REGEDIT" eine der größten Gefahren dar. Ein Umbenennen oder Löschen der Datei „REGEDIT.EXE" nach erfolgter Konfiguration erschwert Hackern den Zugriff.

Häufig erfolgen Attacken über das Netzwerk. Eine ständige Überprüfung der „Remote"-Funktion (Fernsteueroption des Rechners" über den Befehl „Systemsteuerung/ Kennwörter" erlaubt eine schnelle Identifikation von Manipulationen.

Ein plötzliches Absinken der Rechnerleistung, ungewohnt häufige Plattenzugriffe oder eine Meldung beim Beenden von Windows, die besagt, daß noch andere Teilnehmer auf den Rechner zugreifen, sind eindeutige Anhaltspunkte für einen Hackerangriff. In diesem Fall sollte der Benutzer den Systemabschluß unterbrechen und das Programm „Netzwerkmonitor (NETWATCH.EXE)" aufrufen. Dieses Programm zeigt, welcher Benutzer mit dem Rechner verbunden ist und erlaubt so eine schnelle Identifikation des Angreifers.

Ein wenig Selbstdisziplin schränkt die Angriffsmöglichkeiten von Hackern schnell ein. So sollte es sich ein Rechnerbenutzer angewöhnen, seinen Computer beim Verlassen des Arbeitsplatzes stets auszuschalten. Ein einfaches Ausschalten des Monitors oder der Einsatz eines Bildschirmschoners mit Paßwortabfrage ist sicher kein geeigneter Schutz vor Angriffen. Für unterschiedliche Anwendungen sollten auch unterschiedliche Paßwörter gebraucht werden. Schnell zu erratende Paßwörter wie „Paßwort", „Urlaub" oder der Vorname sollten vermieden werden, denn sie sind bei weitem nicht so orginell, wie Sie vielleicht vermuten. Der beste Aufbewahrungort für ein Paßwort ist das Gehirn. Die „üblichen" Verstecke wie beispielsweise der Aufkleber unter der Tastatur oder der Zettel in der ersten Schublade oben links oder unter der Schreibtischunterlage erregen höchsten ein mitleidiges Lächeln beim Hacker.

So schützen Sie sich vor Kreditkartenmißbrauch

Der beste Schutz gegen den Mißbrauch einer Kreditkarte besteht zur Zeit darin, nur Karten mit einem eingeschweißten Foto des Benutzers zu verwenden. Somit läßt sich wenigstens der mögliche Mißbrauch einer entwendeten Karte beschränken. Ansonsten hilft nur ein sehr bewußter Umgang mit der Karte. Beim Einkauf via Karte ist es ratsam, dem Kassierer genau auf die Finger zu sehen. Ein mehrfaches Einlesen der Kartendaten an verschiedenen Lesegeräten ist stets verdächtig, denn der Magnetstreifen könnte hierbei kopiert werden. In diesem Fall sollte man sich Ort und Datum der Transaktion und eine Beschreibung des Kassierers notieren. Die Kartenabrechnung sollte stets genau kontrolliert werden. Im Fall einer mißbräuchlichen Nutzung ist es dann einfach, anhand der notierten Besonderheiten den Täterkreis einzugrenzen. Eine regelmäßige Kontrolle der Kontoauszüge kann das mögliche Betrugsvolumen reduzieren. Bei Unstimmigkeiten sollte die betreffende Karte sofort gesperrt werden.

So schützen Sie sich vor EC-Karten-Mißbrauch

Eigentlich wäre es für Banken und Ermittlungsbehörden einfach, zwischen einem Mißbrauch von EC-Karten durch Hacker und der „verwandschaftlichen Variante" zu unterscheiden, denn die „professionellen" Mißbrauchshandlungen verlaufen stets nach dem gleichen Muster:

- Doppelter Ausdruck der Kontoauszüge, Verifizierung des Opferumfeldes (Ermittlung des Kreditlimits der Karte)

- Die Karte wird im Ausland mißbraucht (Umgehung der MM-Module)

- Der Mißbrauch erfolgt tagesübergreifend direkt vor- und nach Mitternacht (Aushebelung des Tageslimits)

- Der Mißbrauch startet Mittwochs (Aushebelung des Wochenlimits)

Sofern die unrechtmäßige Nutzung der EC-Karte im Inland erfolgte, ist es sehr wahrscheinlich, daß der Täter im eigenen Umfeld zu finden ist. Nahezu jede Bank, die einen

Geldautomaten betreibt, verfügt über eine Kameraüberwachung. Die auf Videoband dauerhaft gespeicherten Daten können in der Regel vom Geschädigten auf Anfrage eingesehen werden. Für das sehr bequeme Bezahlen mit der EC-Karte gelten die gleichen Verhaltensregeln wie bei der Benutzung einer Kreditkarte. Besonders, wenn sich der Kassierer augenfällig für die Eingabe der Geheimnummer interessiert, sollte man sich eine kurze Notiz machen. Um das mögliche Betrugsvolumen zu minimieren, ist es notwendig, die Kontenbewegungen regelmäßig zu verfolgen. Beim geringsten Anfangsverdacht sollte die Karte sofort gesperrt werden.

So schützen Sie sich vor Viren/Trojanischen Pferden

Bei der Vielzahl von Computerviren ist ein umfassender Schutz praktisch nicht mehr möglich. Es ist jedoch möglich, einem Angreifer einige Steine in den Weg zu legen und eine vollständige Zerstörung von Programmen und Daten zu verhindern. Das wichtigste Hilfsmittel zum Datenschutz ist hierbei die Datensicherung, die allerdings fachgerecht betrieben sein will.

Grundsätzlich bietet nur eine Sicherungsmaßnahme nach dem „Generationsprinzip" einen umfassenden Schutz. Hierbei werden, je nach Bedarf, die Daten entweder täglich oder wöchentlich auf ein anderes Band gesichert. Nachdem beispielsweise bei der täglichen Sicherung das Wochenende erreicht ist, wird ein Wochenbestand archiviert und die restlichen Bänder in der kommenden Woche erneut beschrieben. Beim Monatswechsel wird ebenfalls ein Wochenband archiviert, und die restlichen Wochenbänder können wieder überschrieben werden. Nur auf diese Weise können auch Viren mit langer „Inkubationszeit" abgefangen werden.

Neben der Datensicherung empfielt sich der Einsatz eines Virenscanners (z.B. „VirusScan" von McAffee). Ein solches Hilfsprogramm bietet allerdings nur dann einen weitreichenden Schutz, wenn es ständig aktualisiert wird. Gute Virenscanner verfügen auch über eine Schleusenfunktion. Hierbei wird jede eingelegte Diskette automatisch auf möglichen Virenbefall überprüft, und die empfindlichen Systemdateien, die als primäre Plattform für eine mögliche Infektion dienen, werden ständig überwacht.

Hochwertige Antivirenprogramme verfügen auch über einen Funktionsteil, der bereits befallene Dateien wieder restaurieren kann. Wer auf ein ständig im Speicher vorhandenes Antivirenprogramm verzichten möchte, sollte wenigtens bei jedem Rechnerstart einen Virenscanner alle Dateien überprüfen lassen. Hilfreich ist es hierbei, alte Daten- und Programmbestände konsequent zu löschen, da jede Dateiüberprüfung beim Systemstart zusätzliche Zeit kostet.

Einige Verhaltensregeln und kleine Tricks erschweren eine Vireninfektion zusätzlich. So bewirkt beispielsweise eine Änderung der Startreihenfolge der Laufwerke von „A: C:" auf „C: A:" in der BIOS-Einstellung (Startparameter des Rechners) eine weitgehende Immunität des Rechners gegen Boot-Sektor-Viren.

Grundsätzlich sollten nur Programme aus „sicheren" Quellen eingesetzt werden. Besonders Programme, die aus Mailboxen stammen oder von Shareware-CD´s geladen werden, sind häufig mit Viren belastet und sollten daher vor ihrem Einsatz mit einem Antivirenprogramm getestet werden.

Der erhöhte Sicherheits-Anspruch von Firmen erfordert auf jeden Fall eine Installation neuer Software zunächst nur auf einem „Quarantänerechner". Der freie Datenaustausch zwischen Firmen- und Privatrechnern sollte auf jeden Fall unterbunden werden. Programme und Daten sollten in verschiedenen Verzeichnissen abgelegt werden, da dies eine schnelle Datensicherung erleichtert.

Manche Firmen gehen inzwischen dazu über, den Mitarbeitern die Diskettenlaufwerke schlicht abzusperren, so daß die Übertragung von Daten mittels Diskette nicht mehr möglich ist. Wer Dateien von Diskette einlesen lassen will, muß auf den Netzwerkadministrator zurückgreifen. Damit wird der unerwünschte Datentransfer auf Festplatte oder auf das Netz natürlich am wirkungsvollsten verhindert. Allerdings grenzt eine derartige Schutzmaßnahme schon an Bevormundung und läßt deutlich ein sehr fragwürdiges Mitarbeiterverständnis durchscheinen.

So schützen Sie sich vor Telefonpiraten

Ein Schutz vor den Aktivitäten von Telefonpiraten ist nur sehr schwer möglich. Einige Verhaltensregeln können jedoch auch hierbei helfen und den Schaden für Betroffene in Grenzen halten.

Grundsätzlich sollte jeder Besitzer einer Telefons, sei es eines Festanschlußes oder eines Mobiltelefons, unbedingt auf einer detailierte Gebührenabrechnung mit Einzelverbindungsnachweis bestehen. Nur so ist es möglich, Unstimmigkeiten frühzeitig zu erkennen. Sollte es bei der Überprüfung des Einzelverbindungsnachweises zu Unstimmigkeiten kommen, so hilft nur eine sofortige Beschwerde bei der Telekom respektive bei dem Serviceprovider des Mobiltelefons weiter.

Sofern es sich um einen Festanschluß handelt, ermöglicht nur die Installation eines Zählervergleichsprotokolls (ZVS90) eine Klärung des Sachverhalts. Es ist dabei unbedingt darauf zu achten, daß ein Überwachungsprotokoll erstellt wird. Ein solches Protokoll muß auf jeden Fall auch die Anlageblätter enthalten, aus denen mögliche Fremdmanipulationen hervorgehen. Sollte das Protokoll nicht mitgeliefert werden, hilft nur hartnäckiges Nachfragen sowie die Androhung einer Strafanzeige gegen den Sachbearbeiter der Rechnungsstelle. Da häufig Täter aus dem direkten Umfeld für einfachere Leitungsmanipulation (z.B. das „Aufklemmen" auf die Leitung) verantwortlich sind, sollten alle Maßnahmen stillschweigend stattfinden, um einen Täter nicht frühzeitig zu warnen.